目录

001. 自作聪明的凶手 \ 1
002. 熟悉的声音 \ 1
003. 化学家的声明 \ 2
004. 潦草的遗书 \ 3
005. 凶手是谁 \ 4
006. 盯梢失败 \ 5
007. 指纹破案 \ 5
008. 巧寻窃贼 \ 6
009. 被谋杀的富商 \ 7
010. 中断的足迹 \ 8
011. 惨死的职员 \ 8
012. 谁偷了黑钻石 \ 9
013. 破绽百出 \ 10
014. 绑架者的真面目 \ 11
015. 奇怪的脚印 \ 12
016. 凶手就是他 \ 13
017. 日本刀杀人案 \ 13
018. 他还是她 \ 14
019. 聪明的福尔摩斯 \ 15
020. 一定不是猫叫 \ 15
021. 露出马脚的凶手 \ 16
022. 两盘蓝莓饼 \ 17
023. 绸被破案 \ 18
024. 自杀 \ 18
025. 被忽视的地方 \ 19
026. 芝加哥美术馆的失窃案 \ 20
027. 小偷的破绽 \ 21
028. 书房里的秘密文件 \ 21
029. 照片的破绽 \ 22
030. 认马妙法 \ 23
031. 谁是凶手 \ 24
032. 雪地足迹 \ 24
033. 奇怪的证言 \ 26
034. 糊涂的职业杀手 \ 26
035. 钥匙的藏处 \ 27
036. 郁金香开了 \ 28
037. 一根白色的细毛 \ 28
038. 墓石移位 \ 29
039. 初春命案 \ 30
040. 深夜里的昆虫 \ 31
041. 大丽花 \ 32
042. 非同一般的狗 \ 33
043. 智审德国间谍 \ 34
044. 谁是凶手 \ 35
045. 揭穿谎言 \ 36
046. 失窃的海洛因 \ 36

047. 煤气自泄之谜 \ 37
048. 挑战 \ 38
049. 车站的嫌疑人 \ 38
050. 小空船 \ 39
051. 狡猾的走私者 \ 40
052. 脸上的谎言 \ 41
053. 农场主遇害 \ 41
054. 月季花盆里的阴谋 \ 42
055. 智查走私者 \ 43
056. 车号谜团 \ 44
057. 目击证人 \ 44
058. 豆腐能打伤人吗 \ 45
059. 失车之谜 \ 46
060. 故布疑阵 \ 46
061. 作案时间 \ 47
062. 雪茄烟之谜 \ 48
063. 不同的时间 \ 48
064. 菲亚的暗示 \ 49
065. 奇怪的客人 \ 50
066. 被忽略的财富 \ 51
067. 保龄球命案 \ 51
068. 消失的脚印 \ 52
069. 致命晚餐 \ 53
070. 照片证据 \ 54
071. 公园里的尸体 \ 54
072. 消失了的凶器 \ 55
073. 里程表之谜 \ 56
074. 脱口而出 \ 56
075. 间谍小说家的离奇死亡 \ 57
076. 口袋里的金币 \ 58
077. 路遇抢劫者 \ 59
078. 报警的数字 \ 59
079. 空罐头盒 \ 60
080. 话中有话 \ 61
081. 电梯里的飞剑 \ 62
082. 真正的行凶时间 \ 63
083. 假意露手枪 \ 64
084. 是否被“调包” \ 64
085. 轮胎痕迹 \ 65
086. 假借据 \ 66
087. 嫁祸他人 \ 67
088. 后花园里的谋杀案 \ 68
089. 是自杀还是他杀 \ 69
090. 识破小偷 \ 69
091. 消失的杯子 \ 70
092. 台长的密室 \ 71
093. 不在现场 \ 72
094. 消失的犯罪嫌疑人 \ 73
095. 两根金属棒 \ 73
096. 3个10分钟 \ 73
097. 巧妙分汤 \ 75
098. 错误百出的案例 \ 76
099. 族长的规矩 \ 76
100. 鱼缸的证言 \ 77
101. 邮票失窃 \ 78
102. 逼真的赝品 \ 79
103. 集邮家之死 \ 80
104. 请假 \ 81
105. 智识假现场 \ 82
106. 损失是多少 \ 83
107. 河畔谋杀案 \ 84
108. 识破诡计 \ 85

和福尔摩斯一起学思考

He Fuermosi Yiqi Xue Sikao **Tuili Youxi**

推理游戏

（修订版）

主编 / 于 雷

吉林科学技术出版社

图书在版编目（CIP）数据

推理游戏 / 于雷主编. -- 长春 : 吉林科学技术出版社, 2024.3

（和福尔摩斯一起学思考）

ISBN 978-7-5578-0205-9

Ⅰ. ①推… Ⅱ. ①于… Ⅲ. ①智力游戏－青少年读物 Ⅳ. ①G898.2

中国版本图书馆CIP数据核字（2016）第007292号

和福尔摩斯一起学思考

推理游戏（修订版）

TUILI YOUXI

主　　编　于　雷
出 版 人　宛　霞
责任编辑　吕东伦
助理编辑　樊莹莹
封面设计　长春美印图文设计有限公司
制　　版　长春美印图文设计有限公司
幅面尺寸　170 mm × 240 mm
开　　本　16
字　　数　400千字
印　　张　14
版　　次　2024年3月第1版
印　　次　2024年3月第1次印刷

出　　版　吉林科学技术出版社
发　　行　吉林科学技术出版社
地　　址　长春市福祉大路5788号
邮　　编　130118
发行部电话/传真　0431-81629529　81629530　81629531
　　　　　　　　81629532　81629533　81629534
储运部电话　0431-86059116
编辑部电话　0431-81629518
印　　刷　吉林省创美堂印刷有限公司

书　　号　ISBN 978-7-5578-0205-9
定　　价　35.00元

109. 谁的伪钞 \ 85
110. 狡猾的盗窃者 \ 86
111. 破密函 \ 87
112. 福尔摩斯的推理 \ 87
113. 秘密通道 \ 88
114. 艺术品 \ 89
115. 两名嫌疑人 \ 90
116. 四根稻草 \ 91
117. 谁偷了玉项链 \ 92
118. 小提琴手之死 \ 92
119. 第一现场 \ 93
120. 意外还是谋杀 \ 94
121. 他杀还是自杀 \ 95
122. 甲板枪声 \ 96
123. 谋杀丈夫的妻子 \ 97
124. 离奇的下毒案 \ 97
125. 不是自杀 \ 99
126. 生日酒会之谜 \ 99
127. 毒酒命案 \ 100
128. 露馅儿的海顿 \ 101
129. 泄露天机的苹果 \ 102
130. 奥肖内西的家产 \ 103
131. 威廉的疏忽 \ 103
132. 录音机里的留言 \ 104
133. 月夜命案 \ 105
134. 开了几枪 \ 106
135. 惨不忍睹的尸体 \ 106
136. 福尔摩斯的推断 \ 107
137. 白纸破案 \ 108
138. 教堂前的尸体 \ 108
139. 富家女之死 \ 109
140. 假修女 \ 110
141. 时间做证 \ 111
142. 偷运黄金 \ 112
143. 巧取手提箱 \ 112
144. 凶手的破绽 \ 113
145. 死亡时间 \ 114
146. 拉驴尾巴 \ 115
147. 床底下的地道 \ 116
148. 农夫做了个啥动作 \ 116
149. 侦探的头发谁来剪 \ 117
150. 保罗的遗产 \ 118
151. 毒气入口 \ 119
152. 疑凶的破绽 \ 119
153. 宝石藏在哪儿 \ 120
154. 失窃的名画 \ 121
155. 落叶下的秘密 \ 122
156. 女作家之死 \ 123
157. 无名火 \ 123
158. 密封的蜘蛛网 \ 124
159. 黑色春天 \ 125
160. 锡制纽扣失踪案 \ 126
161. 直升机的证言 \ 127
162. 星座破案 \ 127
163. 土人的笛声 \ 128
164. 通风扇在旋转 \ 129
165. 辨认死者身份 \ 130
166. 火花 \ 131
167. 死去的登山者 \ 131
168. 滑雪板之谜 \ 132
169. 寻找凶器 \ 133
170. 福尔摩斯看到了什么 \ 133

171. 解难题 \ 134
172. 难防毒手 \ 135
173. 酿酒专家 \ 136
174. 福尔摩斯智斗刺客 \ 137
175. 煤气爆炸之谜 \ 138
176. 世界旅馆宝石案 \ 139
177. 失踪的新郎 \ 140
178. 一把钥匙和三把锁 \ 141
179. 巧分钥匙 \ 142
180. 特异功能 \ 142
181. 误伤还是故意 \ 143
182. 诈骗 \ 144
183. 露出破绽 \ 145
184. 犯罪嫌疑人的疏忽 \ 146
185. 自卫还是谋杀 \ 147
186. 遇害真相 \ 148
187. 离奇的杀人案 \ 149
188. 中毒身亡 \ 149
189. 凶器哪里去了 \ 150
190. 奇怪的委托人 \ 151
191. 作案时间 \ 151
192. 越狱计划 \ 152
193. 虚假的证词 \ 153
194. 纰漏 \ 153
195. 查出真相 \ 154
196. 河水能喝吗 \ 155
197. 谁是头儿 \ 156
198. 打靶比赛 \ 156
199. 律师们的供词 \ 158
200. 嫌疑人的房间号 \ 159
201. 猜珍珠 \ 159
202. 谁是凶手 \ 160
203. 三人专案小组 \ 161
204. 对号入座 \ 162
205. 谁是最佳专案小组 \ 162
206. 姻亲关系 \ 163
207. 三个珠宝箱 \ 164
208. 藏宝图 \ 164
209. 富商的行踪 \ 165
210. 叽里咕噜 \ 166
211. Bal和Da是什么意思 \ 167
212. 牧师・骗子・赌棍 \ 167
213. 并非办案干练 \ 168
214. 祸起萧墙 \ 169
215. 车辆的去向 \ 170
216. 犯人的家谱 \ 171
217. 犯人们的语言交流 \ 171
218. 作息规则 \ 173
219. 手枪和枪套 \ 173
220. 百万名钻遭窃 \ 174
221. 遗产的分配 \ 176
222. 嘉利与珍妮 \ 177
223. 博尔思岛上的抢劫案 \ 177
224. 红蓝眼睛之谜 \ 179
225. 苦酒和美酒 \ 180
226. 谁是无辜者 \ 180
227. 小饰品 \ 181
228. 不入歧途 \ 182
229. 中箭之谜 \ 182

答　案 \ 184

001. 自作聪明的凶手

有一天晚上9点左右，特级教师亚斯老师在家里批改学生的作业时，被人用木棒从背后打死。书桌上只有一堆作业和一盏亮着的台灯，书桌位于窗前，并且窗户紧闭。

报案的是住在亚斯老师对面公寓的汤姆。他向赶到现场的福尔摩斯描述当时的情况："那时候我刚洗完澡，正站在窗户旁想呼吸一下新鲜空气，当我从房间向外看时，无意间发现亚斯老师书房的窗口有个影子，似乎举着什么东西向他攻击，我感觉不妙，所以就报警了。"

福尔摩斯听了以后却说："你说谎！你就是凶手！"福尔摩斯是怎么发现汤姆说谎的呢？

【侦查笔记】

主诉	汤姆	证据及线索	①在公寓对面住 ②看到窗口的影子
时间	晚上		
地点	亚斯家	关键点	影子
事件	亚斯被人从背后打死	嫌疑人	汤姆
人物及关系	福尔摩斯找出凶手	侦查方向	影子形成原理

002. 熟悉的声音

福尔摩斯侦探社来了位陌生客人。他是个戴墨镜，蓄着胡子，年约五十岁的中年绅士。他请人保护自己，说有人要暗杀他。

他已结婚20年，夫妻恩爱，但有件鲜为人知的秘密就是他在外面与一个二十岁出头的年轻小姐交往甚密，而该女子有一个法国男友。最近，她的男友得知自己的女朋友与中年人的关系后，非常愤怒，除派人跟踪他们外，更扬言要杀死那个中年人。

最近，绅士的太太正外出旅行。绅士昨晚加班回家，开启家门时，只见屋内一片凌乱，他心知不妙，特来请求福尔摩斯帮忙。福尔摩斯无奈，只得答应，并叫他明早再来研究对策。

第二天早晨，福尔摩斯一来到办公室，就被桌上报纸的头条新闻所吸引——昨天一个中年绅士惨遭暗杀。福尔摩斯细看照片，原来是昨天所见的男子，于是他急忙赶赴现场。尸体被安放在床上，脸被毁容，无法辨认。警方凭死者的指纹，结合现场环境，推测疑凶可能是撬开窗户，潜入屋内，把熟睡中的户主杀害。在书桌上，还发现了一张法文的报纸。于是，福尔摩斯把昨天陌生人到访他侦探社的事向警方陈述了一遍。警方据此登报通缉女子的法国男友。

不久，被害人妻子旅行回来，知悉丈夫遇害，非常伤心。对于丈夫有外遇一事，更感到奇怪，因为20年来，丈夫都是个顾家、爱护妻儿的好先生。

此宗奇案一直没有破案的头绪。一天，当福尔摩斯和朋友在餐厅吃饭，交谈案件时，突然听到邻桌有一个熟悉的声音，循声音看去，发现绅士妻子正与一个陌生人谈话。这时，他恍然大悟，知道是怎么一回事了。

你能猜到吗？

【侦查笔记】

主诉	福尔摩斯	证据及线索	绅士妻子与陌生人在一起
时间			
地点	餐厅	关键点	毁容是为什么
事件	意外捉凶	嫌疑人	
人物及关系	福尔摩斯意外听到熟悉的声音	侦查方向	利用警方通缉不存在的杀手

003.化学家的声明

著名化学家威廉研制出了很多化学产品，并因此成了富翁。在伦敦市一条繁华的大街上，他购置了一套豪华公寓。威廉不仅钻研化学，而且对收藏世界名画和文物颇感兴趣。一天夜里，有个小偷钻进威廉屋里偷了几件文物，经过客厅时顺手摘下了挂在那儿的一幅名画并卷起来，打算从原路逃走，突然餐桌上放着的一瓶高档酒将他吸引住了。原来这个小偷是个酒鬼，平时就嗜酒如命，这会儿他一看到有这么好的酒，便迫不及待地拧开酒瓶，扬起脖子喝了起来。

他刚喝了一半，突然听到门外有响声，大概是用人听见有什么响动前来查看了。小偷一慌，忙放下酒瓶逃走了。第二天一早，威廉发现家中的名画不见了，就连忙报了警，福尔摩斯也赶来协助调查。福尔摩斯在屋里转了一圈，见小偷没有留下什么痕迹，只有一股酒味。福尔摩斯查看了一下餐桌上开着的酒瓶并询问了威廉，他断定小偷喝了几口酒，便心生一计，他要让这小偷投案自首。福尔摩斯让威廉以一个化学家的身份写份声明，登在报上。小偷看了声明以后，第二天便带着偷来的文物和那幅画自首了。

你能猜到这份声明的内容吗？

【侦查笔记】

主诉	福尔摩斯	证据及线索	①威廉的职业 ②小偷喝酒 ③心生一计
时间	第二天		
地点	威廉家中	关键点	以酒做文章
事件	抓小偷	嫌疑人	小偷
人物及关系	福尔摩斯施计让小偷自首	侦查方向	从威廉的职业推理他的声明

004. 潦草的遗书

有位老人十分喜欢养鸟，所以他在杂木林深处建了一幢别墅，并在别墅里挂了许多鸟笼，里面养着各种各样的鸟。

一天，他的一位多年未见的朋友前来拜访他时，发现他死在家中，便立即报告了警察局。警察和福尔摩斯来到现场，发现一张字迹潦草的遗书，说他是自己服用了大量的安眠药而自杀身亡的。但是，当福尔摩斯环顾四周时发现，室内有很多鸟笼，笼内的小鸟还在欢快地啼叫着。他的朋友向警察介绍说，死者三年前当上了爱鸟协会的会长。

听了这话，福尔摩斯说：“如果是那样的话，这应该是他杀，遗书是伪造的。”福尔摩斯是根据什么说出这番话的？

【侦查笔记】

主诉	福尔摩斯	证据及线索	①爱鸟协会会长 ②笼内的小鸟欢快地啼叫着
时间			
地点	杂木林深处的别墅	关键点	爱鸟
事件	老人死在家中	嫌疑人	写遗书的人
人物及关系	福尔摩斯否认了死者是自杀	侦查方向	从人的心理和职业推理此案

005. 凶手是谁

一艘客轮已经在大海上航行整整三天了。这天早晨，船员在甲板上发现了一具尸体。死者是一位有名的富豪，他是被人用绳子从背后勒死的，死亡时间在前一晚的零点左右。客轮在这三天中没有靠过岸，也不可能有人通过游泳等方式离开，所以凶手一定还在船上。在船上的人当中，与死者有关的人有三个，而且都有杀人的动机。第一个是死者的助理，因挪用公款被死者发现，死者正准备将其革职；第二个是死者公司的副总，与死者是竞争关系且矛盾重重，死者死了他可以顺利当上一把手；第三个是死者的侄子，也是死者财产的唯一合法继承人，并且死者的侄子最近因投资失败，欠了别人一大笔钱。

根据以上情况，福尔摩斯进行了仔细的推理，把凶手找了出来。你知道凶手到底是谁吗？

【侦查笔记】

主诉	福尔摩斯	证据及线索	①客轮没有靠过岸 ②谁得到利益
时间			
地点	客轮上	关键点	尸体在甲板上
事件	富豪死亡	嫌疑人	
人物及关系	福尔摩斯推理凶手	侦查方向	作案后的心理

006. 盯梢失败

警长接到线报，称有两大犯罪集团的成员会在百货公司春季展销会上接触，然后共同策划一项犯罪计划。

警长亲自到场监视，终于等到其中一家犯罪集团的要员出现。那名男子走到百货公司的问询处，跟女职员说了些话，女职员便播出了以下广播：“迈克小朋友，你的爸爸在一楼问询处等你，请你立刻前来。”警长一直监视着那名男子的举动，但始终没有小朋友出现。而在此期间，两名犯罪集团的成员已经成功地接触了。警长和福尔摩斯谈论这件事时，福尔摩斯却说警长忽略了一个重要的细节。你知道他们是怎样接触的吗？

【侦查笔记】

主诉	警长	证据及线索	①男子与女职员说话 ②女职员播出假广播
时间			
地点	展销会上	关键点	男子接触哪一个人了
事件	接头	嫌疑人	
人物及关系	嫌疑人在警长眼皮底下成功接头	侦查方向	从犯罪集团接触人员推理此案

007. 指纹破案

犯罪嫌疑人在作案后往往会尽可能擦干净自己留下的指纹，甚至有的犯罪嫌疑人还要把别人或受害者的指纹印在现场，以干扰调查，但是也有弄巧成拙的时候。

麦克和亚斯是生意上的合伙人，后来麦克起了谋财害命之心，将亚斯杀死，然后伪造亚斯自杀的假象。麦克先是假冒亚斯的笔迹，用铅笔写了份几乎可以乱真的遗书。由于有点儿紧张，写错了一个字；又用铅笔末端的橡皮擦干净，然后补写上。干完这些之后，麦克将自己在铅笔上留下的指纹全部抹掉，印上亚斯的指纹。麦克又用同样的方法，把亚斯的指纹印在毒酒杯上。麦克以为这样一来肯定是万无一失，没想到福尔摩斯到现场一调查，很快就判断出亚斯是被人杀死的。

你知道福尔摩斯发现了什么疑点和证据吗?

【侦查笔记】

主诉	福尔摩斯	证据及线索	①橡皮擦错字 ②铅笔上印指纹
时间			
地点		关键点	橡皮、指纹
事件	伪造遗书	嫌疑人	麦克
人物及关系	福尔摩斯识破麦克伪造亚斯自杀现场和遗书的罪行	侦查方向	铅笔上的指纹少了

008.巧寻窃贼

珠宝商杰克举办了一场酒会，福尔摩斯应邀参加。在酒会上，杰克展示了一颗珍贵的钻石——“温婉之星”，这颗钻石价值连城。杰克和很多同行一起鉴赏这件宝物，大家鉴赏完毕后，杰克把钻石放入一种液体之中保存。这种特制的液体接触盐分就会变成蓝色。

在酒会快要结束的时候，福尔摩斯突然发现，那颗放在特制液体中的钻石不见了，一定是有人偷偷用手捞出了钻石并藏了起来。福尔摩斯悄悄地通知了杰克，但来的都是商界有头有脸的人物，挨个检查是不可能的。杰克急得满头大汗，一脸无助地望着福尔摩斯，福尔摩斯给杰克出了个主意，让用人悄悄地关上了所有的门窗，并点燃了壁炉。

你知道福尔摩斯这样做的原因吗?

【侦查笔记】

主诉	杰克	证据及线索	①特制的液体 ②钻石在液体中被盗
时间			
地点	酒会上	关键点	用手捞出了钻石
事件	钻石被盗	嫌疑人	
人物及关系	杰克和酒会参与者	侦查方向	特制液体的特性

009. 被谋杀的富商

英国富商杰夫被发现伏尸于他的办公桌上，头部四周都是血迹，书桌右面的地板上有一把手枪。杰夫的太阳穴上有火药的痕迹，子弹显然是近距离直射入头颅内的，办公室的桌上还有一封遗书，而杰夫的右手仍握着一支笔，相信是写遗书用的。遗书上写着：由于经营不善，濒临破产，所以只好自杀。

福尔摩斯看过现场情况后，认为这不是自杀案那么简单，而是一宗谋杀案。福尔摩斯依据什么判断杰夫不是自杀的。

【侦查笔记】

主诉	福尔摩斯	证据及线索	①有遗书，地板上有手枪 ②死后右手握着笔
时间			
地点	办公室	关键点	书桌右面地板上有手枪；右手握一支笔
事件	自杀案	嫌疑人	
人物及关系	福尔摩斯认定死者不是自杀	侦查方向	从死者的肢体语言分析此案

010. 中断的足迹

一天深夜，富商的别墅被小偷“光顾”，别墅里总价值近千万英镑的几件古董，被盗走了。第二天，警方接到报案后立即赶到别墅进行侦查，却没有查到任何有价值的线索，只是发现小偷的脚印从窗下一直延伸向海岸，但是，离开的脚印在沙滩中段却突然消失了。警方的线索断了，于是请福尔摩斯前来协助。福尔摩斯仔细地勘察了小偷留下的脚印，发现部分脚印有重叠现象，便想到了小偷离开的办法。

你知道小偷是怎样离开的吗?

【侦查笔记】

主诉	警方	证据及线索	①脚印 ②突然消失
时间	深夜		
地点	别墅里	关键点	消失
事件	盗窃案	嫌疑人	小偷
人物及关系	警方追踪小偷线索中断了	侦查方向	小偷如何做到掩盖自己的脚印

011. 惨死的职员

2月14日中午，一名男子被发现死在公寓里。接到报案后，警长赶到现场，发现尸体已经开始腐烂，无法获得准确的死亡时间。法医鉴定后认为案发时间应该是1月底到2月初，于是警方请福尔摩斯协助调查。死者生前是某公司职员，家境平平。据调查，死者从1月28日起就请假没来公司上班，在案发时间里拜访过他的有他的女友、公司经理和他的一位医生好友。

以上三人分别在1月30日、2月1日和2月3日来过死者公寓，以下是证词。女友：“我是在1月30日晚7点左右来的，但他不在，于是我等了大概1个小时，然后就走了，没想到会发生这种事。”说着，她用右手从包里拿出手帕，擦拭眼角的泪。这时，福尔摩斯发现她右手手背有一条约5厘米的血痕。公司经理：“我是在2月1日早上8点左右来的，因为他的假期快结束了，所以我过来提醒一下他，但敲了半天门也没人答应，然后我等了大概30分钟，就走了。”这时，他用右手拿着烟盒，用左手点了一根烟，抽了起来，福尔摩斯发现他的右手也有血痕。医生：“我是在2月3日下午3点左右到他家的，因为他曾经跟我说过他的身体有些不舒服，那天我刚好路过，就顺便过来看看，但好像没人，于是我就回去了。”当福尔摩斯和他握手告别时，发现他的左手有一道血痕。

福尔摩斯听完以上证词后回顾了案发现场，死者趴在地板上，头向门口，背上有一条自左肩到右前臂的伤口，死者右手上的伤口较多，致命伤是插入腹中的一刀。死者家中异常凌乱，书籍、纸张到处都是，所有柜子都被打开，墙上的壁纸均被撕下，连一张2月份的挂历也未能幸免，屋内所有现金、支票均被洗劫一空。

结合所有现象及证词，福尔摩斯推断出了凶手是谁。你知道凶手是谁了吗？

【侦查笔记】

主诉	警方	证据及线索	①三个人手的动作 ②死者右手伤口较多
时间			
地点	警局	关键点	死者伤口很奇特
事件	辨认凶手	嫌疑人	三人中的一人
人物及关系	福尔摩斯听取三个人描述当日的情形	侦查方向	确定是左撇子行凶

012. 谁偷了黑钻石

马丁参加了一次生日宴会。在宴会上，他为了炫耀自己富有，将一颗黑钻石拿出来让大家观赏，众人赞不绝口。随后，马丁将黑钻石放回珍宝箱，可这时，原来的封条怎么也贴不上去了，马丁只好向宴会主人要来糨糊将封条贴好，再把珍宝箱放回原处。

马丁回到客厅与客人们继续聊天。突然，一位客人的右手拇指被一只不知名的毒虫咬了一口，迅速肿了起来。主人马上拿来碘酒，涂在客人右手拇指上。慌乱中打碎了一只茶杯，另一位客人捡玻璃碎片时，食指又被划破了。主人用纱布将他的食指包扎好。不久，主人拿来苹果，第三位客人自告奋勇削苹果时，却把左手拇指划破了，鲜血直流。主人要为他包扎，他说：“我包里有药，涂一点儿就能止住血。”说罢，他拿出药往左手拇指涂抹了一些。

生日宴会如此扫兴，大家想借故离开。马丁这时想再炫耀一番他的黑钻石，于是将珍宝箱取来，撕开湿漉漉的封条，打开箱子一看，里面的黑钻石竟然不见了。主人见状，立刻报了警。

警长和福尔摩斯赶到现场。经过一番了解之后，福尔摩斯断定作案人就是三个客人中的一个。于是他把三个客人找到跟前，向他们宣布了案情，然后说：“把你们的手伸出来。”三个人齐刷刷地伸出了双手。福尔摩斯发现：被虫咬的客人，右手拇指呈蓝黑色；被玻璃划伤食指的客人，包扎的纱布被水浸湿了；被刀划破左手拇指的客人，拇指还在流血。福尔摩斯经过一番思考之后，很快确认了犯罪嫌疑人，并从他的身上搜出了黑钻石。

偷黑钻石的人是谁，福尔摩斯判断的依据是什么？

【侦查笔记】

主诉	马丁	证据及线索	①用糨糊贴好封条 ②三个人纱布的样子
时间			
地点	宴会上	关键点	糨糊和某位客人的纱布有了化学反应
事件	宝石被偷	嫌疑人	
人物及关系	福尔摩斯抓获偷钻石的客人	侦查方向	用化学知识推理此案

013. 破绽百出

某夜，墨西哥—英国航线的班机降落在机场，海关人员开始检查旅客的行李。福尔摩斯发现从飞机上下来的三个商人神色可疑，他们带有两个背包和一个帆布箱。福尔摩斯和他们攀谈起来，得知他们是来旅游的，便和他们聊起了旅游的路线和当地的风土人情，可他们都回答得语无伦次，福尔摩斯便通知警员对他们的行李进行详细检查，果然在夹层中发现了毒品。

是什么引起了福尔摩斯的怀疑？

【侦查笔记】

主诉	福尔摩斯	证据及线索	神色可疑
时间			
地点	机场	关键点	行李简单
事件	查获毒贩	嫌疑人	三个商人
人物及关系	福尔摩斯发现三个商人的可疑之处	侦查方向	旅游的状态

014. 绑架者的真面目

一个深秋的夜晚，董事长的儿子被绑架了，凶手开口要5万美元赎金。他在电话里说："旧百元纸币500张，普通包装，在明天上午邮寄，地址是本市和平区森宁代尔路200号，杰姆斯。"凶手说完后，又威胁说，"如果你事前调查地址或报警，当心孩子的性命不保！"

董事长非常惊慌，考虑再三，还是报案了。因为事关孩子的生命，警长也不能轻举妄动。于是，他邀请福尔摩斯到凶手所说的地址调查，发现人名是虚构的。难道凶手不要赎金吗？绝对不可能。忽然福尔摩斯灵机一动，终于发现了这名凶手的真面目。第二天，他抓到了凶手，顺利救出了被绑架的孩子。

你能猜到凶手的身份吗？

【侦查笔记】

主诉	董事长	证据及线索	①虚构的地址和人名 ②凶手这样做的目的
时间	深秋夜晚		
地点		关键点	谁能接收邮包
事件	绑架勒索	嫌疑人	
人物及关系	福尔摩斯识破绑匪的阴谋	侦查方向	考虑邮局的工作岗位

015.奇怪的脚印

福尔摩斯上午在一份报纸上看到一则新闻："青年银行家查理德的尸体在K公园内被发现，距网球场大约一米。他是被利刃刺死的，死亡时间约为星期六晚上七八点钟。"

凶案现场，由于早上下过春雨，地面潮湿，死者和凶手的高跟鞋足迹非常明显。但奇怪的是，两个足迹不是并行的，除被害者的足迹外，另一个却是离开现场的足迹。

警方已将嫌疑人逮捕，其中一名是前芭蕾舞团的舞蹈教师，名为杜芙。而在死者卧房的备忘录中记录着：晚上8点和杜芙小姐在网球场会面。

那么杜芙是用什么方法，让凶杀现场的足迹消失的呢？

后来福尔摩斯看到了芭蕾舞的表演，忽然仰天大笑，然后说道："哈哈！我明白了，真是一条巧妙的杀人诡计啊。"

那么福尔摩斯到底明白了什么呢？

【侦查笔记】

主诉	福尔摩斯	证据及线索	①嫌疑人是芭蕾舞蹈教师 ②离开的足迹
时间	春雨后		
地点	公园内	关键点	只有高跟鞋的离开足迹
事件	破案	嫌疑人	杜芙
人物及关系	福尔摩斯发现嫌疑人杜芙让足迹消失的秘密	侦查方向	从职业特征分析此案

016. 凶手就是他

最近杰森计划外出旅行一个月，委托好友马丁帮忙照顾自己的狗。旅行回来后，在一个星期一的中午，会计师杰森在同别人通电话时，被他的狗咬死。

警长和福尔摩斯检查了现场，听了马丁的陈述：他在星期一的早晨，把狗带回杰森的家中，而杰森被狗咬死时，马丁正在研究所的实验室里，研究所离杰森家约5千米。纵使杰森不在家的一个月中，马丁刻意将狗训练成会咬人的狗，也不可能从5千米远的地方，指挥狗咬死杰森。福尔摩斯十分肯定，真正的凶手就是马丁，是他设下圈套，让狗咬死了杰森。

福尔摩斯是怎样判断的呢？

【侦查笔记】

主诉	福尔摩斯	证据及线索	①把狗寄养在马丁家 ②打电话时
时间	星期一		
地点	杰森家	关键点	狗
事件	被自己的狗咬死	嫌疑人	马丁
人物及关系	杰森和好友马丁	侦查方向	狗的训练方式和狗的反常行为

017. 日本刀杀人案

一天早晨，福尔摩斯在自家附近的公园里散步时，发现空地中央仰面躺着一个年轻女子。人已经死了，其左胸上插着一把细长的没有护手的日本刀。女子大概被刺中后没走几步便气绝身亡了。可奇怪的是，以尸体为中心半径10米范围内，只留有被害人高跟皮鞋的鞋印，却不见凶手的足迹。

因刚刚下过雨，地面仍湿漉漉的，松软的地面上清晰地留着被害人的高跟鞋印。因空地外面是草坪和杂草，所以没留下脚印。四处找不到刀鞘，既不能认为是被害人自己拿着一把明晃晃没有刀鞘的日本刀刺进自己的胸膛自杀，也不能认为是凶手把刀拴在10米长的竹竿或木棒一端行刺的。拿那么长的棒子，被害人会及时发现逃脱的。

这个案子就连福尔摩斯也思考了良久。当他再次注意到日本刀没有护手时才恍然大悟，进而识破了凶手巧妙的作案手段。那么，凶手究竟是用什么手段行刺的呢？

【侦查笔记】

主诉	福尔摩斯	证据及线索	①细长的日本刀 ②半径10米范围没有足迹
时间	雨后早晨		
地点	公园里	关键点	没有护手
事件	巧遇凶杀案	嫌疑人	
人物及关系	福尔摩斯推理凶杀案的经过	侦查方向	考虑用什么凶器能远距离杀死女子

018. 他还是她

一个星期天的上午，有人发现时装模特Y女士被酒瓶击中头部，死在卫生间里。据邻居反映："从昨晚起，就不断有人到Y女士房间里玩，今天拂晓听到争吵声，但分不清是男人还是女人的声音。"那么，对这位凶手的性别该怎样确定呢？

福尔摩斯指着盖子和坐垫都翻在上面的抽水马桶说："看一眼现场就知道凶手是男是女了。"福尔摩斯是怎样判断的呢？

【侦查笔记】

主诉	福尔摩斯	证据及线索	①争吵声分不清是男是女 ②马桶坐垫和盖子翻起
时间	上午		
地点	卫生间	关键点	马桶盖子和坐垫
事件	缩小凶手范围	嫌疑人	
人物及关系	福尔摩斯判断凶手的性别	侦查方向	用生活常识和男女用马桶的习惯推理此案

019. 聪明的福尔摩斯

这年夏天，因为B街要安置新的电线，所以有好几幢大楼都在晚上8时至10时停电，盲女安妮晚上9时离开盲人中心，步行上楼回家。翌日，有人在楼梯上发现了安妮的尸体，并且安妮的手袋不见了，这显然是一宗劫杀案。据值班人忆述，当时有一名男子与安妮差不多时间上楼梯的，警方召来了那名男子问话。那名男子说："我当时确实是与安妮差不多时间上楼梯的，我看见她是盲人，所以带她走上楼梯，到了她那层我才走。"

福尔摩斯听男子说完后，说道："他说谎，安妮小姐就是他杀的。"福尔摩斯怎么会知道那名男子在说谎？

【侦查笔记】

主诉	福尔摩斯	证据及线索	①安妮是盲人 ②男子带着安妮上楼
时间	晚上停电时		
地点	安妮住的楼层	关键点	安妮不需要别人带领
事件	盲女被杀	嫌疑人	男子
人物及关系	福尔摩斯揭穿凶手的谎言	侦查方向	从盲人对自己每日经过的地方非常了解分析此案

020. 一定不是猫叫

杰森的邻居向警长报案说：10分钟前，杰森的住所里有人尖叫。警长和福尔摩斯驱车前往。他们是冒雨去的，雨已经下了3个多小时。他们在杰森住所门前遇到了杰森，杰森说有可能是邻居听错了，并说："10分钟前，我开着货车刚到家，一进门发现邻居的一只灰猫在门里睡觉，我踢了它一下，它尖叫了一声。"

福尔摩斯向着门外雨中的货车走过去，蹲下身子，双手贴着车下干燥的沙土地，慢慢向前移动，仔细地看了看，然后问杰森："你一个人住在这里吗？"杰森有些紧张地回答："还有我老婆。"福尔摩斯说："我希望你的妻子平安无事。如果有过叫声，一定不是猫叫。"福尔摩斯根据什么做出这样的结论呢？

【侦查笔记】

主诉	杰森	证据及线索	①雨下了3个多小时 ②车下的沙子是干的
时间	10分钟前		
地点	杰森家门前	关键点	干燥的沙土地
事件	上门查看	嫌疑人	杰森
人物及关系	福尔摩斯发现杰森在说谎	侦查方向	用生活常识来推理此案

021. 露出马脚的凶手

警长和福尔摩斯刚走进罗卡的办公室，桑尼就迎上前说："除了桌子上的电话，我什么也没碰过。事情发生后我立即给你打电话了。"罗卡的尸体倒在办公桌后面的地毯上，右手旁边有一支法国造的手枪。

"你快说这是怎么回事！"警长急切地追问。"罗卡叫我到这儿来一下，"桑尼说，"我来到之后他破口大骂他的妻子和我。我告诉他一定是他弄错了。但他在气头上，已经变得无法自制。突然，他歇斯底里地大叫：我非杀了你不可！说着，他拉开办公桌最上面的抽屉，拿出一支手枪对着我就开了枪，幸好没击中。在万分危急之下，我不得已，只好自卫，这完全是正当防卫。"

福尔摩斯检查完尸体，又看了看罗卡的办公桌，办公桌有三个关着的抽屉，最上面那个就是放手枪的抽屉。当晚，警长对福尔摩斯说："桑尼是一名私人侦探，他的手枪是经注册备案的。我们在桌子对面的墙上发现了一颗法国造手枪弹头，就是桑尼所说的首先射向他的那颗子弹。那支枪上虽留有罗卡的指纹，但他并没有持枪执照，我们无法检查出枪的来历。""尽管如此，我想你已经可以立案指控桑尼蓄意谋杀了吧？"福尔摩斯说。

桑尼哪里露出了马脚呢？

【侦查笔记】

主诉	桑尼	证据及线索	①除了电话，什么都没碰 ②罗卡先开枪 ③三个关着的抽屉
时间			
地点	罗卡的办公室	关键点	抽屉
事件	谋杀	嫌疑人	桑尼
人物及关系	福尔摩斯识破桑尼伪造的现场	侦查方向	在生死攸关的枪战中不合情理的地方

022. 两盘蓝莓饼

女模特安娜这些日子正同一位浪荡公子打得火热。安娜垂涎这位公子囤积的珠宝，一心想把它据为己有。安娜发现，这名叫劳伦的公子特别喜欢美食，于是她筹划在餐桌上做点儿手脚。

这天晚上，旅馆服务员给他们送来了咖啡和两盘蓝莓饼。劳伦把自己的那盘蓝莓饼都吞进肚子时，打了个嗝儿，眼珠翻了翻，从椅子上摇摇晃晃地倒下了。15分钟后，安娜打电话找医生，惊动了正在这个旅馆住宿的名侦探福尔摩斯。安娜把福尔摩斯请进了劳伦的房间，劳伦仍在昏睡。安娜对福尔摩斯说，自己在劳伦失去知觉前也吃光了自己那盘蓝莓饼，劳伦没醒也许是因为劳伦的那盘掺进了过多的药物。说着，她露出一口洁白光亮的牙齿，这引起了福尔摩斯的注意。

警方人员来到以后，福尔摩斯对警长说："如果劳伦的珠宝被盗，安娜的嫌疑最大。"福尔摩斯根据什么做出这种判断。

【侦查笔记】

主诉	安娜	证据及线索	①她把自己那盘蓝莓饼都吃光了 ②洁白光亮的牙齿
时间	晚上		
地点	旅馆	关键点	牙齿
事件	谋害劳伦	嫌疑人	安娜
人物及关系	福尔摩斯识破安娜的计划	侦查方向	从人们吃蓝莓后牙齿的现象分析此案

023. 绸被破案

有个商人乘船过河时被强盗害死，警方一时抓不到凶手，便向福尔摩斯求助。福尔摩斯听完案情后说："既然商人是在船上被害死的，那么那帮强盗很可能经常出没于水道，我们应该经常在河边查访，看看有什么可疑的地方。"

有一天，福尔摩斯坐在河边的店中，见一条船经过，船尾上晒着一条新洗的绸被，绸被上聚集了很多苍蝇。他赶紧对身边的助手说："报警，快截住那条船，强盗肯定在船上！"那条船上的人被押到警局，经审问，果然有杀死商人的强盗。众人问福尔摩斯："您怎么知道船上有强盗呢？"福尔摩斯笑着说："是那条绸被告诉我的。"众人都十分佩服福尔摩斯善察贼踪。

那条绸被为什么能成为破案的关键线索呢？

【侦查笔记】

主诉	福尔摩斯	证据及线索	①新洗的绸被 ②绸被上有很多苍蝇
时间			
地点	河边	关键点	绸被
事件	商人被强盗害死	嫌疑人	强盗
人物及关系	福尔摩斯协助警员破案	侦查方向	从人的生活习惯和动物的趋向性分析

024. 自杀

富翁莱斯的妻子报警说，丈夫在家中上吊自杀了。福尔摩斯来到现场，发现莱斯在三楼的梁上吊着，脚下是一个翻倒的凳子。莱斯的妻子坐在旁边的沙发上哭泣。

莱斯的妻子说："我刚从外面回来，走到大门口就看见莱斯站在三楼的凳子上要自杀，于是赶紧冲上楼，可还是晚了一步……"

福尔摩斯说："我看是你杀死他的吧。"

你知道福尔摩斯为什么这样说吗?

【侦查笔记】

主诉	莱斯的妻子	证据及线索	①楼上 ②莱斯在梁上吊着
时间			
地点	莱斯家	关键点	妻子站在大门口
事件	莱斯自杀	嫌疑人	莱斯的妻子
人物及关系	福尔摩斯揭穿莱斯妻子的谎言	侦查方向	人的视线和反应

025. 被忽视的地方

一天，福尔摩斯接到邀请：情报机关获悉有一名外国特工随身携带极其重要的军事密码潜入当地警局管辖的区域，警局迅速将此人逮捕归案。福尔摩斯和助手立刻赶到警局，警员告诉福尔摩斯：此人身上并没有密码，经X线透视，体内也未发现任何异物。有目击者提供线索称，此人在被逮捕前向邮筒内投过一封信。福尔摩斯征得邮政部门领导的同意，提前将信取出。这是一封平常的信，信封上贴着一张普通邮票。文内丝毫没有提及有关密码的信息，经化验，仍未发现密码。福尔摩斯突然想到信封的某一地方还没有查看，密码果然就在被疏忽的地方查到了。那是什么地方呢?

【侦查笔记】

主诉	警察	证据及线索	①一封信 ②贴着普通的邮票
时间			
地点	警局	关键点	信封某一个地方没查看
事件	查密码	嫌疑人	特工
人物及关系	福尔摩斯发现特工隐藏密码的秘密	侦查方向	信封上还有哪个重要的地方没查看

026. 芝加哥美术馆的失窃案

神偷从芝加哥美术馆轻而易举地盗出一张世界名画，驱车上了高速公路向东逃往纽约。没想到却在纽约碰上了福尔摩斯。

“哟，没想到又在这儿相见了，是驾车旅行吧？”福尔摩斯凑上前搭讪。“是的。刚好……呀，怎么都这个时间啦！对不起，我失陪了。”神偷看了看手表，慌忙起身要走。福尔摩斯一把抓住他的手腕，看了看他手表上的时间和自己的手表相差了一个小时。“那件事不是已经干完了吗，不必那么急着走吧？”“啊，你指什么？”神偷心里惦记着放在汽车后备厢里盗来的画，可表面依然故作镇静。

“刚刚电视新闻里说，昨天夜里芝加哥美术馆的一张名画被盗，难道不是你的‘杰作’吗？”福尔摩斯盯着神偷的脸，笑呵呵地说。“你这是什么话，我这一个星期根本就没离开过纽约。”“装傻也没用，你去过芝加哥，你手上的表已经告诉我了。”福尔摩斯直截了当地挑明了。

那么，福尔摩斯是如何根据手表推测出真相的？

【侦查笔记】

主诉	福尔摩斯	证据及线索	①福尔摩斯抓住他的手腕 ②手表
时间			
地点	纽约	关键点	手表的时间
事件	千里潜逃	嫌疑人	神偷
人物及关系	福尔摩斯抓获神偷	侦查方向	美国有4个标准时间

027. 小偷的破绽

深夜，一个小偷第一次入室行窃。他发现这里没有人，便大摇大摆地开了灯，坐到办公桌前，打开抽屉，但没翻动里面的东西就关好了；接着他又打开了文件柜，拿出重要文件，再把文件柜关好；他还打开了保险柜，取出了钞票，然后关好。

小偷想起“师父”嘱咐过他的话，在出门之前，把所有用手摸过的地方都用手绢擦了一遍。临出门时，他探着头看了看已经恢复原样的房间，最后，用腿把门带上。“除非有人取文件或打开保险柜，否则没人知道我来过！”小偷得意地想。

第二天，福尔摩斯刚进办公室就发现昨晚这里有人来过。那个小偷的破绽究竟出在哪里呢?

【侦查笔记】

主诉	小偷	证据及线索	①大摇大摆地开了灯 ②摸过的地方都擦了一遍
时间	深夜		
地点	办公室	关键点	灯
事件	行窃	嫌疑人	小偷
人物及关系	小偷消除自己来过的痕迹	侦查方向	小偷离开时忘记恢复哪个地方

028. 书房里的秘密文件

黑老大准备派人把一封秘密文件交给同伙，不料被警方获悉。警员前来搜查文件，同伙在屋外应付警察，黑老大立即把文件藏了起来。之后，黑老大由后门跑往天台，跳往相邻那幢大厦躲藏，伺机逃脱。

同伙誓死不肯开门，警员只好合力破门而入，把他们拘捕。随即搜查全屋，但黑老大及文件都不翼而飞，警方只好将其余几人带回审讯。警长正想下令收队时，无意中把黑老大书房的台灯打开了。同行的福尔摩斯仔细观察了一番，发现了藏信的地点，因而侦破了一宗数亿元的贩毒案!

你知道秘密文件藏在书房哪里吗？

【侦查笔记】

主诉	福尔摩斯	证据及线索	①搜查全屋 ②打开台灯后发现文件
时间			
地点	黑老大家	关键点	与台灯有关
事件	寻找文件	嫌疑人	黑老大
人物及关系	福尔摩斯发现黑老大隐藏文件的秘密	侦查方向	从台灯的特点来分析此案

029. 照片的破绽

“上个星期天你在哪里？”福尔摩斯询问一个嫌疑人。“我在登山，你看，这就是当时我在山顶上拍的照片。登上山顶后，我很有成就感，就决定喝一罐啤酒，并把相机放在一个合适的位置，自拍下了开启啤酒的一瞬间。回来后，我把这张照片命名为‘痛饮庆功酒’。”那个嫌疑人一边说一边拿出一张照片给福尔摩斯看。

照片上的人一手拿着一罐罐身很干净的啤酒，另一只手在拉环上，已经拉开了大半。福尔摩斯看着照片说：“风景很不错，山腰上还有云雾，你登上的那座山一定很高吧？”“可高啦，海拔3500米哩。”那人以为福尔摩斯相信他不在场的证明，颇为得意地回答。“可是，”福尔摩斯突然脸色一变，声色俱厉地说，“你在撒谎！这张照片是假的！”

这张照片究竟有何破绽？

【侦查笔记】

主诉	嫌疑人	证据及线索	①开啤酒的瞬间 ②海拔3500米
时间	上个星期天		
地点	山顶	关键点	啤酒
事件	照片作为不在现场的证据	嫌疑人	嫌疑人
人物及关系	福尔摩斯识破嫌疑人的谎言	侦查方向	啤酒开启的瞬间

030. 认马妙法

有一天，两个相邻的农场里发生了一件纠纷，A农场和B农场的主人为一匹马是谁的而争执起来。“这匹马是我的，我的马大部分是枣红马。”“枣红马谁都有，这匹马是偶然跑到你们那里去的。”

他们都说这匹马是自己的，便请福尔摩斯来评判，福尔摩斯让人把那匹马牵来，检验后又命人把这匹马放进一个马群里，这个马群中有十几匹枣红马。然后让A农场和B农场的人分别去认马。随后，福尔摩斯很快就断定出这匹马属于谁。

聪明的读者，福尔摩斯判断的依据是什么呢？

【侦查笔记】

主诉	农场主	证据及线索	①各自强调马是自己的 ②众里挑一
时间			
地点	农场	关键点	自己的马自己是最熟悉的
事件	认马	嫌疑人	说谎的人
人物及关系	福尔摩斯找到辨认马属于谁的好办法	侦查方向	从人对事物的熟悉程度推理此案

031. 谁是凶手

一位老翁在客厅被杀害，福尔摩斯接到委托后便展开了调查。老翁的女用人透露，她早上还与老翁谈话。在发现老翁被杀害前约一小时，女用人看到老翁家的客厅有人吸烟，在窗前可以看见烟雾升起。

她感到奇怪，因为老翁是不吸烟的，也不喜欢别人吸烟。而刚才替主人收拾房间时，她看见老翁家先后有两人到访，一个是身材高大的男子，一个是肥矮的秃头男人，凶手就是两人中的一个。

福尔摩斯根据女用人的叙述，准确地判断出了谁是凶手。请你也判断一下凶手是谁?

【侦查笔记】

主诉	女用人	证据及线索	①有烟雾升起 ②两个客人的差别之处
时间	一小时前		
地点	死者家里	关键点	窗前看到的场景
事件	凶杀	嫌疑人	
人物及关系	女用人向警方回忆自己目睹的事情	侦查方向	根据人的身高推理此案

032. 雪地足迹

福尔摩斯来到K岛的旅馆度假。今年因受异常寒流的袭击，气温骤然下降，早晚异常寒冷，温度甚至降到了零摄氏度以下。就在这寒冷的一天的午后，画家艾丽丝打来电话，称外出旅行写生两天回家后发现家中被盗。“没丢什么重要的东西，饰品的宝石全是仿制品，照相机也是便宜货……可我是个单身呀，竟然连内衣都被盗走了，想起来心里真有些发寒啊。”电话里传来了焦急的声音。

艾丽丝的别墅坐落在环湖半周的杂木林中。福尔摩斯到达时，她正焦急地等在门口。“这儿，留有犯罪嫌疑人的脚印。”她边说边将福尔摩斯领到东侧的院子里。

太阳已经偏西了，院子被别墅的阴影遮住，地面非常潮湿。因此，犯罪嫌疑人的脚印清晰可见。这是一个鞋底为锯齿花纹的高帮胶鞋的脚印。犯罪嫌疑人就是由此进来，打碎厨房的玻璃门溜进室内的。福尔摩斯看过之后，用画室里的电话向警方报了案，然后便回旅馆去了。就在当天晚上，警长给旅馆打来电话，告诉福尔摩斯已找到了两名嫌疑人。一人叫威尔，昨天夜里11点钟，巡逻警察曾见他在现场附近徘徊。另一人叫梅森，今天上午11点30分前后在现场附近出现过，附近别墅的管理员发现此人形迹可疑。

“这两个人被人看见时，都穿着高帮胶鞋吗？”福尔摩斯问警长。“不，具体的我还没有核实，但搜查过他们的住宅，并没有发现胶鞋。大概是怕被当作证据而处理掉了。虽然尚未发现被盗的物品，但两人都是专门在别墅溜门撬锁的惯盗，所以只要审查一番，犯罪嫌疑人就会受不了招供的。”“威尔从今晨天没亮到中午过后这段时间有不在现场的证明吗？”“威尔从深夜1点到中午这段时间确实有不在现场的证明。他在朋友家里打了一个通宵的扑克，早晨8点左右同朋友一块儿去上班。在这以前有人看见他在现场附近出现过，所以他的不在现场的证明是没有任何意义的。”

“这两个人之中，哪个是真正的犯罪嫌疑人，就凭这些证据就足够了。昨天夜里是晴天，天气不是更冷吗，那么犯罪嫌疑人是……”福尔摩斯果断说出了犯罪嫌疑人的名字，使电话另一端的警长大吃一惊。

福尔摩斯指出的犯罪嫌疑人是威尔还是梅森呢？

【侦查笔记】

主诉	警长	证据及线索	①脚印清晰可见 ②现场地面潮湿
时间	上午11点30分		
地点	艾丽丝家里	关键点	昨天夜里更冷，不会留下清晰的脚印
事件	辨认嫌疑人	嫌疑人	梅森
人物及关系	福尔摩斯帮助警长分析案情	侦查方向	不同情况留下脚印的情况

033. 奇怪的证言

大侦探福尔摩斯正在审问最后来过汤姆房间的青年。“当我进入汤姆的房间时，他不在，等了一会儿，他还没有回来，我就在他那面60厘米高的镜子前整理一下我的领带，接着退了两三步照照全身，然后就出去了，再没有见到他。现在听说他自杀了，真令我大吃一惊，这怎么可能呢？”

听完这个青年的话，福尔摩斯大笑着说：“根本就是一派胡言！”福尔摩斯为什么说这个青年在说谎呢？

【侦查笔记】

主诉	青年	证据及线索	①60厘米高的镜子 ②照照全身
时间			
地点	汤姆的房间	关键点	镜子的高度
事件	照镜子	嫌疑人	青年
人物及关系	大侦探福尔摩斯识破青年的谎言	侦查方向	用生活常识推理此案

034. 糊涂的职业杀手

有一位职业杀手，受雇谋杀富翁莱克，并将富翁伪装成自杀的模样。自杀当然需要遗书，雇主准备好了一张莱克签名的白纸，供职业杀手在枪杀富翁后用富翁的打字机留下遗书。

职业杀手依照雇主的指示，完成任务后，把手枪塞到富翁莱克的右手中，打字留下遗书，然后满意地离开富翁的办公室。作案始终，他都戴着橡胶手套，因此不担心会留下指纹。

第二天，清洁工发现富翁的尸体并报案。和警长一同前来的福尔摩斯在现场勘查后认为，遗书上确实有富翁莱克的亲笔签名，但遗书上的字却非他本人所打。

警长大感惊讶，打字机打出来的字不都一样吗？福尔摩斯怎么知道不是死者打的字呢？职业杀手糊涂在哪一点上？

【侦查笔记】

主诉	福尔摩斯	证据及线索	①用打字机留下遗书 ②凶手没有留下指纹
时间			
地点	富翁的办公室	关键点	橡胶手套
事件	伪造自杀现场	嫌疑人	凶手
人物及关系	福尔摩斯识破杀手伪造的现场	侦查方向	从人的生理特征和打字方式分析此案

035. 钥匙的藏处

警察接到报案，保罗和家人在外出旅游时，家里的现金和金银首饰被洗劫一空。但门上的锁和窗户都没有被撬的痕迹。失主保罗又提供了一条线索，他家的房门钥匙并非谁带在身上，而是藏在房门前一个外人不易找到的地方。“藏在什么地方了呢？”调查此案的福尔摩斯问道。“在受过训练的看门狗的脖圈中。”失主答道。

听了失主的话后，福尔摩斯便确定犯罪嫌疑人是失主家里的人。你知道为什么吗？

【侦查笔记】

主诉	保罗	证据及线索	①狗的脖圈里 ②外人不易找到
时间	家里没人时		
地点	保罗家里	关键点	无被撬的痕迹
事件	失窃案	嫌疑人	内鬼
人物及关系	福尔摩斯发现财物被盗的重要线索	侦查方向	从失主的话推理此案

036. 郁金香开了

某天夜里，威尔在宴会上盗取了珍贵的项链之后溜了出来。他回到自己的秘密住所，急忙摘掉化装用的假发和胡须，点亮书房的灯，穿上丝绸长袍坐到书房的沙发上。他刚刚松了一口气，门铃就响了。进来的是著名侦探福尔摩斯，于是威尔内心警觉起来，但还是摆出一副笑脸，热情地把福尔摩斯引到书房，在一张桌子旁坐下。桌子上摆着一个插满红色郁金香的花瓶，而郁金香所有的花瓣都是闭合的。

“威尔先生，我来之前你在哪儿？干什么了？”福尔摩斯开门见山地问道。“我一直待在家里。你到来之前，一直是我一个人安静地在书房里看书。你看，就是那本书。”威尔说着指着桌上扣着的那本书。

福尔摩斯把威尔递过来的书翻了一下，放在桌上，他突然发现花瓶里插着的郁金香的花瓣不知什么时候都张开了。他拔出一枝看了看，又把花插进去，然后肯定地说：“威尔先生，装也没用，你那套不在作案现场的证明纯属谎言，还是把项链交出来吧。”

福尔摩斯是如何识破威尔的谎言的，证据是什么？

【侦查笔记】

主诉	福尔摩斯	证据及线索	①进门时，花瓣闭合 ②过了一会儿，花瓣张开
时间	夜里		
地点	威尔的住所	关键点	花瓣
事件	项链被盗	嫌疑人	威尔
人物及关系	福尔摩斯上门调查威尔	侦查方向	运用植物对光线的敏感度推理此案

037. 一根白色的细毛

欧洲某国家博物馆展出了一顶中世纪的皇冠。皇冠上的特大宝石引起了众多参观者的兴趣，博物馆将这顶皇冠作为重点保护对象，严加看护。尽管如此，皇冠上的宝石还是被盗了。

博物馆的警卫向前来调查此事的福尔摩斯报告：报警器没有响，皇冠展橱和馆内所有的门窗都完好无缺。福尔摩斯见皇冠展橱是个精致而坚固的透明罩，在它的基部交接处有一个对位孔，窄小得只能容一只小老鼠通过。忽然，他眼睛一亮——展橱的边沿有一根白色的细毛。

第二天，他让手下在报纸上刊登一则消息："皇冠宝石的盗窃者现已被捕，正在审讯中。"同时登出了盗窃者的相片。半个月后，他用化名在报上登出一则启事："我不慎将一块瑞士高级金表滑落至25层楼的下水道中，如有高手能不损坏建筑而把表取出来，本人将以金表价值的一半酬谢。"几天后，助手向他汇报："有一个人说他训练了一只灵巧的小白鼠，可以担此重任。"福尔摩斯高兴地叫道："好！马上逮捕他！他就是盗窃宝石的人。"

你知道福尔摩斯的证据是什么吗？

【侦查笔记】

主诉	福尔摩斯	证据及线索	①白色的细毛 ②可容小老鼠通过
时间			
地点	博物馆	关键点	白色的细毛
事件	宝石被盗	嫌疑人	养老鼠的人
人物及关系	福尔摩斯巧捉盗窃者	侦查方向	用小动物可以被驯服的特点来理解

038. 墓石移位

男爵的遗孀露西女士拜访福尔摩斯，向他提起一件令人难以置信的事。她说："我丈夫五年前不幸去世，我为他建造了一座墓地。谁知道从那儿以后，每年入冬后，墓石就会移动一些，我很害怕。"说着，她从手提包里取出一张照片给福尔摩斯看，这是男爵的墓地照片。在一块很大的台石上面，放着一块球形的大石头，这里就是男爵的坟墓。"由于我丈夫生前爱打高尔夫球，所以临终时曾嘱咐要给他造个像高尔夫球那样形状的墓。这张照片就是在墓建成之后拍的。球石正面还雕刻了十字架。现在，这个球石差不多移动了1/4，十字架也一点儿一点儿地被压在下面，都快看不见了。”“球石仅仅是在入冬后移动吗？”福尔摩斯问。“是的。”露西回答道。

福尔摩斯请夫人带他去墓地看看。在一个略微高起的土丘上，墓地朝南而建，四周有高高的铁栅栏围住，闲人不能随便进入。在沉重的四方形台石上面，有一个直径80厘米的用大理石做成的球，为了不使球滑落，台石上挖了一个浅浅的坑，球正好嵌在里面。浅坑里积有少量的水，周围长满苔藓。如果球石的移动是有人恶作剧，用杠杆撬动的，那在墓地和苔藓上该留有一道痕迹，可一点儿痕迹也没有。如果有人不用杠杆而用手或身子去推石球，那凭一两个人的力气是根本推不动的。

福尔摩斯摸了一下浅坑里的积水，沉思了片刻以后说：“夫人，墓石的移动是一种物理现象，不要害怕。”

他说的物理现象是怎么一回事呢？

【侦查笔记】

主诉	露西女士	证据及线索	①入冬后移动明显 ②没有人为的痕迹
时间	五年期间		
地点	墓地	关键点	仅仅在入冬后移动
事件	丈夫的墓石自行移动	嫌疑人	
人物及关系	露西女士求助福尔摩斯解答疑惑	侦查方向	从阳光和冰雪的关系出发，考虑冬季为何有积水

039. 初春命案

事情发生在英国。一个晴朗的日子，一对喜欢徒步旅行的夫妇到郊外去采集春天的野菜。当他们走到一个小池塘边上的杂木丛林里时，突然发现地上有一具中年妇女的尸体，于是惊慌地报了警。

看上去这个中年妇女也是来采山野菜的，采到的山野菜都装在袋子里。经过初步鉴定，中年妇女已经死亡两三天了，但在尸体上却找不到明显的外伤。为了慎重起见，警察把尸体交给大学医院解剖，医生们通过解剖发现，死者的血液里含有大量的卵磷脂酶。“卵磷脂酶就是蛇毒，这毒液进入身体的血液后，血清中的磷脂便分解成卵磷脂，大量杀死红细胞，以致夺去生命。死者左腿小腿上发现有两处被蛇咬的痕迹，一般蝮蛇习惯于咬长筒袜上方的部位。”医生详细地讲解着。刑警想起现场的状况，会意地点着头。

可是，当他返回警察局里报告警长时，警长的朋友福尔摩斯却提出质疑：“什么？蛇？胡说！即使是蛇毒所致，也不是在这里被毒蛇咬死的，是巧妙设计的杀人事件。犯罪嫌疑人将蛇毒注射到被害人的体内，再将尸体扔到杂木林里，伪装成被蛇咬的现场。而像被蛇咬的小小的伤痕，一定是用针注射的痕迹。尽管如此，他也是个愚蠢的犯罪嫌疑人。”福尔摩斯果断地下了结论。

请问，福尔摩斯是根据什么下的结论呢？

【侦查笔记】

主诉	医生	证据及线索	①蛇咬的痕迹 ②春天采野菜
时间	春天		
地点	郊外	关键点	蛇的出现
事件	毒蛇伤人	嫌疑人	
人物及关系	福尔摩斯对医生的质疑	侦查方向	用动物学知识和蛇的生活习惯来推理

040. 深夜里的昆虫

夏季清晨，警察局接到一个中年人的报警，说他发现邻居大卫被害。警长和福尔摩斯便开车赶到了现场，被害人大卫是个年轻人。大卫的房间在公寓的四楼，房间里没装空调，南北两面的窗户都敞开着使凉风可以吹进来，窗户上也没有安装纱窗。经过法医的鉴定，大卫的胃里有大量的农药，死亡的时间大约是在晚上十点至十一点之间。现场北面的窗户下有个茶几，上面有一只未加盖的烧杯，里面还有少许农药。

福尔摩斯进一步调查后发现，大卫平常暗中给农民放高利贷，村里有人被他放的高利贷压得透不过气来。在几个借贷人中间，有两个人最恨大卫。一个是二十多岁的保罗，另一个是四十多岁的福尔曼。据说，这两人在案发当天的中午，曾请求大卫延长还债的日期，但遭到了拒绝。福尔摩斯问保罗：“大卫是晚上十点左右被人谋害的，那时候你在什么地方？”“昨天中午，我去请求他延缓还债的日期，可是被他拒绝了。晚上九点左右，我又去他家找他。但是在他家门口徘徊了一个小时，也没有胆量走进去。”“当时大卫的房间里亮着灯吗？”“灯亮着的。”福尔摩斯又问福尔曼：“当天晚上十一点左右，你在什么地方？”“因为白天我去了大卫家商量延期还债的事，他没有答应我，所以我想求他的伙计帮忙说个情。十一点左右，我和他的伙计在大卫的厨房里商量这件事。后来我看太晚了，便把事情拜托给伙计，我自己回家了。”

福尔摩斯再次检查了大卫的卧室。他看到打开的窗户下，有很多金龟子和蚜虫的尸骸散落在茶几上，在烧杯附近尤其多。结合现场情况，福尔摩斯锁定了凶手。

你知道杀害大卫的凶手是谁了吗？

【侦查笔记】

主诉	大卫邻居	证据及线索	①开着窗户，无纱窗 ②保罗说屋里开着灯
时间	夏季清晨		
地点	大卫的公寓	关键点	烧杯附近死去的飞虫
事件	凶杀案	嫌疑人	保罗
人物及关系	福尔摩斯调查两个嫌疑人	侦查方向	用动物有趋光性来推理此案

041. 大丽花

在圣玛丽密特村，住着一位独身经理。一个夏天的早晨，经理被枪杀，尸体在他的住宅里被发现。奇怪的是，一朵鲜红的大丽花插在死者手中。无疑，这是犯罪嫌疑人所为。可是，这朵花意味着什么，警察并不明白。经调查，有三个嫌疑者：一个是被害者的表姐，和被害者有继承遗产的纠纷；一个是被害者的朋友，死者不徇私情，告发了朋友的偷税行为；还有一个是被害者的邻居。

福尔摩斯得知这些情况后，立即给警察打电话："请你们查一查《百科全书》或者《花卉辞典》。"警察来到这个名侦探家里追问犯罪嫌疑人是三个人中的哪个时，他回答说："凶手是被告发偷税的死者的朋友。凶手认为被害者背叛了他们多年的友情，所以把他杀害了。""可是，仅有动机，没有证据啊。""证据就是死者手中插着的大丽花。""大丽花……"

警察们感到非常奇怪，大丽花怎么会成为分辨犯罪嫌疑人的线索呢？

【侦查笔记】

主诉	福尔摩斯	证据及线索	①大丽花 ②嫌疑人中有作案动机的人存在
时间	夏天		
地点	经理的住宅	关键点	大丽花意味着什么
事件	经理被杀	嫌疑人	
人物及关系	警察求教侦探	侦查方向	运用花卉知识破解此案

042. 非同一般的狗

福尔摩斯在街上溜达时遇到了朋友杰姆，杰姆牵着一条普通的牧羊犬。为了还赌债，杰姆想将此狗高价卖给福尔摩斯。"老兄，我这条狗的名字叫梅森，它可非同一般啊！"杰姆接着绘声绘色地往下说，"在我家的农场旁边，有一条沿着山崖修建的坡度很大的铁路。一天，有块大石头滚到铁轨上，此时远远见一列火车飞快冲来。我想爬上山崖发警告信号，可扭伤了脚摔倒在崖下。在这紧急关头，梅森飞奔回家，拽下我晒在铁丝上的红色秋衣，叼着它闪电般冲上山崖。那红色秋衣迎风飘扬，就像一面危险信号旗。司机见了立即刹车，

这才避免了一场车翻人亡的恶性事故。怎么样，我这宝贝梅森有智有谋，非同一般吧！"杰姆正欲漫天要价，不料被福尔摩斯打断："请另找买主吧，朋友。不过你倒

很会编故事，将来一定是位大作家！”这显然是讽刺之言。

福尔摩斯为何要讽刺杰姆呢？

【侦查笔记】

主诉	杰姆	证据及线索	①狗拽下红色秋衣 ②狗冲上山崖阻止事故
时间			
地点	大街上	关键点	牧羊犬的行为
事件	卖狗	嫌疑人	
人物及关系	福尔摩斯和朋友杰姆	侦查方向	狗的视觉和习性特点

043. 智审德国间谍

战争前期，各国间谍机构活动频繁，都希望在情报方面战胜对手，以利于在整个战争中获取主动。同时，反间谍机构也都在积极活动。一次，盟军反间谍机关收审了自称是比利时北部的一位“流浪汉”农民，他的言谈举止使人怀疑，眼神也不像是农民。由此，英国反间谍军官吉姆斯认定他是德国间谍，可是没有更有力的证据。吉姆斯决定打开这个缺口，于是请福尔摩斯前来帮忙。

审讯开始了。福尔摩斯提出的第一个问题是：“会数数吗？”这个问题很简单，“流浪汉”用英语流利地数数，没有露出一丝破绽，甚至在说英语的人最容易说漏嘴的地方也能说得很熟练。于是，他被押回小屋去了。过了一会儿，哨兵用德语大声喊：“着火了！”“流浪汉”仍然无动于衷，仿佛真的听不懂德语，照样睡他的觉。后来，福尔摩斯又找来一位农民，和“流浪汉”谈论起庄稼的事，他谈得居然也颇为在行，有的地方甚至比这位农民更懂行。看来福尔摩斯的第一次审讯并不成功。殊不知，这正是福尔摩斯的高明之处。

第二天，“流浪汉”在被押进审讯室的时候，显得更加沉着、平静。福尔摩斯似乎在非常认真地审阅一份文件，并在上面签字之后，抬起头突然说：“好啦，我满意了，你可以走了，你自由了。”“流浪汉”长长地松了口气，像放下一个沉重的包袱。他仰起脸，愉快地呼吸着自由的空气，兴奋之情溢于言表。然而，他的表演也就此结束了，经过进一步审讯，他不得不承认自己是一个德国间谍。你知道为什么吗？

【侦查笔记】

主诉	福尔摩斯	证据及线索	①举止与眼神不像农民 ②不懂德语
时间			
地点	审讯室	关键点	最后一句话用的语言
事件	智审间谍	嫌疑人	流浪汉
人物及关系	福尔摩斯对阵流浪汉	侦查方向	从人的戒备心理出发分析案情

044. 谁是凶手

一天夜里，福尔摩斯和警长在马路上边散步边讨论案情，突然听到前面不远处传来两声枪响。他们赶紧跑了过去，发现一名男子倒在地上，胸前中了两枪，地上留下两个子弹壳。

警长马上开始对附近的可疑人员进行排查，很快发现了两名嫌疑人甲和乙。他们都带着手枪，嫌疑人甲带的是一把自动式手枪，而嫌疑人乙带的是一把左轮手枪。

福尔摩斯看了他们带的枪后马上就锁定了真凶。你知道谁是凶手吗？

【侦查笔记】

主诉	福尔摩斯	证据及线索	两名持枪嫌疑人
时间	夜里		
地点	路边	关键点	地上的弹壳
事件	一名男子中枪	嫌疑人	
人物及关系	福尔摩斯帮助警长锁定真凶	侦查方向	从枪械的构造推理

045. 揭穿谎言

一所公寓发生了盗窃案。福尔摩斯受警长委托前往调查，在勘查现场时，女用人反映："我听到房间里有声音，就走到门口，因为害怕，我就透过门上的锁孔向里瞧，看到一个男人在房间左侧的暖炉旁将东西装到口袋里，然后穿过房间，从右侧跳窗逃跑了。"福尔摩斯听罢，立即做出判断：这是谎话。

福尔摩斯的依据是什么？

【侦查笔记】

主诉	女用人	证据及线索	①盗窃者在房间左侧的暖炉旁装东西 ②从右侧跳窗逃跑了
时间			
地点	公寓	关键点	锁孔
事件	发生了盗窃案	嫌疑人	女用人
人物及关系	福尔摩斯揭穿女用人的谎言	侦查方向	生活常识

046. 失窃的海洛因

一天，某医院的药房里丢失了一瓶海洛因。装海洛因的瓶子上只标着海洛因的化学式。医院的保安称，曾发现小偷，但是没有追上，让小偷逃掉了。而且小偷戴着面罩，分不清是谁。警长经过调查，初步断定嫌疑人有以下三人：一个是医院新来的实习生；一个是地质学教授，在外出工作时摔断了腿，住进了骨科病房；一个是樵夫，上山砍柴时被野兽袭击，在急诊病房休息。警方检查了药房，发现除了海洛因没有其他物品失窃。警长把这件案子告诉了福尔摩斯，福尔摩斯听完便指出了谁是小偷。

请问，你知道小偷是谁吗？

【侦查笔记】

主诉	医院保安	证据及线索	①保安没有追上 ②海洛因瓶子
时间			
地点	某医院	关键点	瓶子上的化学式
事件	丢了一瓶海洛因	嫌疑人	
人物及关系	福尔摩斯指出小偷身份	侦查方向	医学常识和身体条件

047. 煤气自泄之谜

戏剧学院表演系的学生艾利，因煤气中毒死在一幢高级公寓的套房卧室中。警察调查发现：艾利从戏剧学院一年级开始就经常被国内知名电影公司甚至国外电影制片商邀去拍电影、电视剧，还经常参加一些演艺活动，是个当红的明星。艾利走红后，不再住在学院的学生宿舍里，而是住在高级公寓中。

艾利死亡的时间被推定为晚上9时，吸进煤气约30分钟，解剖尸体时发现她临死前服了未达到致死剂量的安眠药，腹中有一个已经4个月的胎儿。经现场勘查发现，煤气灶开关开着，上面只有艾利自己的指纹，房间里也未发现艾利有自杀意向的遗书留下，床头柜上还放着一只打开的冰激凌盒，里面是吃了一半的无色果味冰激凌。

经侦查，有位富豪有谋杀艾利的动机。因为他既不可能与艾利结婚，也不能让她将胎儿生下，如果艾利告发他，那么这位富豪的声誉将会受到影响。

通过对富豪讯问并查实：富豪当晚7时30分买来冰激凌，8时许看着她服下安眠药，离开公寓时碰到过邻居，路上花20分钟自己驾车到朋友家打牌，直至次日上午。朋友反映他打牌时心神不定，但绝对没有离开过牌桌。通过访问艾利最知心的朋友得知，艾利向朋友流露过退学生下孩子的想法。

福尔摩斯接受了警长的邀请，会同技术人员仔细研究了煤气灶的结构，并且进行了实验，终于发现了煤气延长自泄的秘密。传讯富豪后，他面对科学分析推断的结论，终于交代了在煤气灶上做手脚，使煤气延长一段时间后自泄的犯罪事实，过程与福尔摩斯所做实验完全一致。

富豪在煤气灶上做了什么手脚呢？

【侦查笔记】

主诉	福尔摩斯	证据及线索	①艾利没有自杀倾向 ②富豪有谋杀动机
时间	晚上		
地点	卧室里	关键点	煤气延长自泄
事件	艾利自杀案	嫌疑人	富豪
人物及关系	福尔摩斯破解煤气延时泄漏之谜	侦查方向	富豪买冰激凌的目的

048. 挑战

一天，福尔摩斯来到办公室，对好朋友华生说：“这是一块普通的手绢，我把这块手绢铺在地板上，你站在一个角上，我站在另一个角上，不允许把它撕开或者剪开，我可以做到让你碰不到我。”华生不相信。福尔摩斯在现场就为华生演示了起来。你知道福尔摩斯是怎么做到的吗？

【侦查笔记】

主诉	福尔摩斯	证据及线索	①普通手绢 ②不允许撕开或剪开
时间			
地点	办公室	关键点	摆放位置
事件	小挑战	嫌疑人	
人物及关系	福尔摩斯和好友华生	侦查方向	利用物体

049. 车站的嫌疑人

一个冬天的夜里，福尔摩斯和查理警官正在回警局的路上，突然发现前面有个歹徒正在拦路抢劫，便冲上去想抓住他。歹徒一看见他们，掉头就跑，跑了好长一段路后进了车站，福尔摩斯和查理警官紧跟着追了进去。此时，车站里只有六个人，体形都很相似。

第一个人正在和管理人员争吵，吵得很凶；第二个人在一旁津津有味地看热闹；第三个人正在看一张报纸，报纸把脸遮住了，看不清面目；第四个人正在原地跑步取暖，大口大口地喘着气；第五个人一边等车，一边不停地看手表，显得很着急；第六个人裹着大衣坐在座位上，冷得直发抖。

福尔摩斯观察了一下，指着其中一个人对查理警官说：“他就是嫌疑人！”你知道嫌疑人是第几个人吗？

【侦查笔记】

主诉	福尔摩斯	证据及线索	①跑了很长的路 ②紧追
时间	冬天夜里		
地点	车站	关键点	被紧追后的身体表现
事件	抓嫌疑人	嫌疑人	
人物及关系	福尔摩斯帮助查理警官辨认嫌疑人	侦查方向	从人长时间跑步后的生理特征推理此案

050. 小空船

一天，风特别大，福尔摩斯随同警长在码头巡查，看到很多船都被吹得摇摇晃晃。忽然，福尔摩斯跳上一艘小空船，坐了片刻，这艘船的船夫回来了，船夫说要开船了，就催促福尔摩斯上岸，福尔摩斯却说愿意与船夫同行。

船夫很奇怪，就问他为什么。福尔摩斯说：“我怀疑你的船里有走私品，我要搜查！”说着便请警长出示了搜查证。船夫气极了，就揭开舱板给他们看，里头空无一物。福尔摩斯令船夫打开底板，船夫不肯。警长用器械强行打开，果然发现了许多走私手表、金块。经过审讯，原来这个船夫是个走私者。

警长问福尔摩斯，怎么知道这船里有走私品的，福尔摩斯说这同吹的风有关系。风和走私船有什么关系呢？

【侦查笔记】

主诉	福尔摩斯	证据及线索	①风很大 ②跳上一艘空船
时间	大风天		
地点	码头	关键点	很多船被吹得摇晃
事件	发现走私船	嫌疑人	船夫
人物及关系	福尔摩斯发现走私者的罪证	侦查方向	大风天里，码头上船的状态

051. 狡猾的走私者

亨利的职责是在边境检查那些入境人员及车辆是否带有走私物品。除周末外，他都会看见一个中年男子用自行车载着一大捆稻草通过边境检查站。每当这时，亨利总要叫住那个人，将草捆解开仔细地检查，并将中年男子的每个衣袋都检查一遍，尽管亨利搜查得非常仔细，遗憾的是每次都无功而返。虽然亨利怀疑此人在走私，但是却苦于查不出走私物，只得求助于福尔摩斯。

这天，福尔摩斯来到了亨利这儿，没多久那个中年男子就出现了。福尔摩斯仔细检查了男子随身携带的所有物品后，又对那辆轮胎有着崭新花纹的自行车检查了一遍，沉思了一会儿，想到了走私的物品是什么。你能判断出走私物是什么吗?

【侦查笔记】

主诉	亨利	证据及线索	中年男子用自行车载着大捆稻草
时间			
地点	边境检查站	关键点	走私物品
事件	走私	嫌疑人	中年男子
人物及关系	福尔摩斯帮助亨利查走私物	侦查方向	走私物品

052. 脸上的谎言

在一个酒吧里，一位满头金发、面孔黝黑、下巴呈古铜色的年轻人兴冲冲地对福尔摩斯说：“昨天我才从沙漠探险归来，洗尽一身尘垢，刮去长了好几个月的络腮胡子，修剪好蓬乱的头发，美美地睡了一觉。最值得庆幸的是我的化验分析报告，证实那片沙漠地带有个储量丰富的金矿。假如您愿意对这回报丰厚的项目投资的话，请到我公司细谈。”

听罢此言，福尔摩斯仔细看了看他的脸，笑着说：“你若想骗钱，最好还是把故事编得真实一些！你的谎言已经写在了你的脸上！”

你知道福尔摩斯如何识破了年轻人的谎言吗？

【侦查笔记】

主诉	年轻人	证据及线索	①年轻人在沙漠的探险经历 ②满头金发，面孔黝黑、下巴呈古铜色
时间			
地点	酒吧	关键点	年轻人的样貌
事件	识破谎言	嫌疑人	
人物及关系	福尔摩斯识破年轻人的谎言	侦查方向	常识

053. 农场主遇害

农场主邀请福尔摩斯到郊外林间的农场共进晚餐，他让妻子开车去接福尔摩斯，自己在家准备饭菜。不料，农场主妻子同福尔摩斯回到家时，发现农场主已被人枪杀了。农场主妻子看见现场的惨状，尖叫一声，昏了过去。福尔摩斯扶她躺下，急忙检查农场主的尸体，确认谋杀案发生在一小时前。

福尔摩斯接着查看现场，一个烤盒里有些无焰的炭块，上面烤着牛肉。托盘、刀叉、佐料散放在一旁。这时，一个年轻人从门前经过，福尔摩斯便叫住了他。这位年轻人自称是农场主的邻居，刚才听到一声尖叫，赶来看看出了什么事。福尔摩斯问：

“一小时前你在什么地方，来过农场吗？”年轻人说：“我刚刚才来，之前一直在那边树林附近散步，没有来过农场。”

还没说完，这位年轻人忙伸手从炭块里拣出来了一个金属制品，那是个烤得发黑的耳环。

福尔摩斯目睹这一切后，果断地说：“跟我到警察局去一趟吧！”

这是为什么呢？

【侦查笔记】

主诉	农场主的邻居	证据及线索	①跑过来看情况的年轻人 ②烤得发黑的耳环
时间	晚餐前		
地点	农场主家	关键点	谁的耳环
事件	谋杀案	嫌疑人	年轻人
人物及关系	福尔摩斯揭穿年轻人的谎言	侦查方向	谎言

054. 月季花盆里的阴谋

凌晨，警长接到侦查员的电话，说两个住在宾馆的毒贩正在把毒品往一只月季花盆里埋，看来想溜。当警长和福尔摩斯赶到宾馆时， 那两个狡猾的家伙已经带着那盆月季花坐出租车到汽车站去了，车票由宾馆代其购买，发车时间为早上7点。于是，福尔摩斯和助手受警长委托于早上5点多钟赶到了汽车站。“看，在那儿！”助手指着离车站不远的花圃。果然，空荡荡的花圃里，一胖一瘦两个男子正在“赏花”。

“站住，把毒品交出来！”缺乏经验的助手跑到两个男子面前喝道。“开什么玩笑！我们回来探亲，临走想买几盆花，这也有罪吗？”瘦子面不改色地说。这下可把助手难住了，花圃里有几百盆月季花，到底哪个盆里有毒品呢？

福尔摩斯却像没事人似的，欣赏起了那一盆盆叶子上带着晶莹剔透的露水的月季花。突然，他弯腰搬起一盆月季花。“罪证就在这里面！”福尔摩斯说罢，把那盆花一摔，里面果然藏着毒品。福尔摩斯为什么能如此准确地找出罪证呢？

【侦查笔记】

主诉	警长	证据及线索	①花圃中的月季花 ②两个"赏花"的男子
时间	凌晨		
地点	汽车站附近的花圃	关键点	叶子上晶莹剔透的露水
事件	贩毒案	嫌疑人	两名男子
人物及关系	福尔摩斯帮警长破获贩毒案	侦查方向	毒品在哪

055. 智查走私者

海关缉私队得到线报，知道一个走私集团准备走私一些黄金，而且知道带黄金入关的将是一名女子，乘坐轮船抵达。为了要搜查出这个走私者，大批的警察及缉私队员被派到旅客出口检查处。

这艘轮船准时抵达了，船上的乘客依次出关。这艘轮船上有很多女乘客，其中有个十分漂亮的金发女郎。旅客一一接受了检查，但都没有发现什么问题。怎么办呢？难道线报有误？

福尔摩斯和警长站在大厅中扫视着这些旅客，突然，福尔摩斯发现了金发女郎，将她拦下来，打量着这位金发女郎，终于在她身上发现了要找的东西。你知道她将黄金藏在哪里了吗？

【侦查笔记】

主诉	海关缉私队	证据及线索	①乘坐轮船 ②携带者是名女子
时间			
地点	港口	关键点	运送方式
事件	走私黄金	嫌疑人	金发女郎
人物及关系	福尔摩斯协助海关缉私查获走私的黄金	侦查方向	

056. 车号谜团

一个正在穿越人行横道的男子被突然出现的汽车撞倒，肇事汽车停都没停便逃之夭夭。被撞的人伤势严重，在被送往医院的途中，只说出了逃跑汽车的车号“6198”，就去世了。

警察马上通缉了该牌号车辆的主人，虽然找到了嫌疑人，但对方有确切的不在现场的证明，而且车坏了，在案发前就已送去修理厂修理，汽车现在还存放在修理厂。福尔摩斯听说了这件事后，笑着说：“肇事汽车的车牌号不是‘6198’。”那么，肇事汽车的车牌应该是多少号呢？

【侦查笔记】

主诉	警方	证据及线索	伤者的证词
时间			
地点		关键点	车牌号6198
事件	交通事故	嫌疑人	
人物及关系	警察求助福尔摩斯	侦查方向	根据被撞人的状态

057. 目击证人

警长和福尔摩斯正在街上散步，一个妇女冲到警长面前，对警长说：“我正站在超市门口，等我丈夫来接我回家，突然有个人冲了过来，一把抢走了我的钱包，我摔倒了，只看到了他的背影。”

警长和福尔摩斯很快来到超市门口，并找到了一个目击证人。目击证人说：“我当时正坐在旁边的长椅上休息，这位女士站在我旁边大约4米的地方，拿着购物袋还有她的钱包。一个穿着皮衣的男子抢走了她的钱包，之后拉开了旁边商店接货口的门，逃走了。”

警长和福尔摩斯沿着目击证人说的路径仔细勘查。几个小时后， 福尔摩斯通知警长将那个目击证人逮捕起来，因为他与这起抢劫案有关。

福尔摩斯为什么认为目击证人和这起抢劫案有关呢？

【侦查笔记】

主诉	报案的妇女	证据及线索	①被抢妇女的证词 ②目击证人的证词
时间			
地点	超市门口	关键点	证词
事件	抢劫案	嫌疑人	
人物及关系	福尔摩斯认定目击证人与抢劫案有关	侦查方向	分析目击证人的证词

058. 豆腐能打伤人吗

一个酒气熏天的男子，走进派出所投案，他哭哭啼啼地说道："我刚才失手打伤了人。我和朋友酒后打赌，说可以用豆腐打伤人，他不相信，我就用豆腐把他打伤了。"警察不相信他："你是喝得太多了说胡话！"男子说："不是，真打伤了，不信，我带你们去看看。"男子带着警察来到一栋住所，只见客厅里躺着一个头破血流的男子，地上是一块碎了的豆腐，地毯也湿了一大片。

警察被弄糊涂了，但同行的福尔摩斯却说这男子说的是事实。难道豆腐真可以把人打伤吗？

【侦查笔记】

主诉	投案的男子	证据及线索	①一块碎了的豆腐 ②地毯湿了一大片
时间			
地点	派出所	关键点	伤人的豆腐
事件	伤人事件	嫌疑人	投案的男子
人物及关系	警察求助福尔摩斯	侦查方向	豆腐的状态

059. 失车之谜

夏天的一个周末，雷蒙驾驶着一辆名贵汽车到一间高级咖啡屋去赴约。他把车子停在附近一个有停车计时器的车位处，然后走进咖啡屋。

在咖啡屋内，他和朋友商谈生意，正在兴高采烈之际，突然想起还没有向停车计时器投币，害怕接到罚单，于是赶紧走出门外。当他走到车位处时，不禁呆住了，他的那辆名贵汽车已经不知所踪，应该是被人偷走了。雷蒙报警后，警方和福尔摩斯到现场调查，发觉汽车被偷得莫名其妙，因为附近行人往来频繁，窃贼不可能明目张胆地撬车门，而且这种车门十分牢固，普通人是不能轻易撬开的，何况又没有钥匙，也不可能发动引擎，开动汽车。福尔摩斯环顾四周，发现不远处有交警正在处理一起交通事故，恍然大悟，想到了汽车是怎样不见的。

那么，窃贼是用什么方法把汽车偷走，而又不引人注意呢？

【侦查笔记】

主诉	雷蒙	证据及线索	停车计时器
时间	一个周末		
地点	咖啡屋门口	关键点	不引人注意
事件	汽车失窃	嫌疑人	
人物及关系	福尔摩斯找到线索	侦查方向	观察周围的情况

060. 故布疑阵

S市最大的珠宝店于某日凌晨发现被盗。据当夜值班的杰克说，夜间他未听到任何动静，早晨起床后，他打开大门准备擦洗橱窗时，才发现橱窗玻璃被人割了一个大洞，里面放着的一枚贵重的钻石戒指被偷。

警方接到报案后，立即赶到现场调查。现场没有留下指纹，也没有任何其他痕迹，但是警察注意到玻璃是用很高级的玻璃刀割开的，破口处很整齐。

警察对这个案子感到十分棘手，不知道该怎么办好，这时，同行的福尔摩斯发现了疑点，于是警方将杰克逮捕。经审讯，证实是杰克作案。但是在杰克的家里并未发现玻璃刀之类的作案工具，而杰克也确实不是用玻璃刀作的案。

那么，杰克到底是用什么把玻璃割破的呢？

【侦查笔记】

主诉	值班员杰克	证据及线索	①杰克的证词 ②现场的橱窗破口
时间	凌晨		
地点	S 市最大的珠宝店	关键点	橱窗破口很整齐
事件	盗窃事件	嫌疑人	杰克
人物及关系	福尔摩斯识破杰克的谎言	侦查方向	玻璃刀的工作原理

061. 作案时间

在案发现场，福尔摩斯发现一只被损坏的手表。手表的长针和短针正指着某个刻度，而长针恰好比短针的位置超前1分钟。除此以外再也找不到更多的线索，福尔摩斯认为这可能就是凶手作案的时间。

你能推断出作案时间吗？

【侦查笔记】

主诉	福尔摩斯	证据及线索	①一只损坏的手表 ②手表指针的位置
时间			
地点	案发现场	关键点	手表指针
事件		嫌疑人	
人物及关系	福尔摩斯推测作案时间	侦查方向	手表指针的转动规律

062. 雪茄烟之谜

在一所公寓5楼的一个房间里，雪茄烟厂的一位会计师背部被刺了一刀，伏在写字台上死了。发现尸体的时间是下午4点钟左右。当时桌子上的烟灰缸里放的一支大雪茄还在燃着。烟前端留着1厘米长的烟灰。

“根据烟灰的长度判断，这支雪茄烟点燃还不到10分钟。”“那么，就是说凶手杀害会计师以后逃跑的时间是3点50分左右了。”警员检查了这支雪茄烟后说。

然而，尸体解剖结果表明，死亡时间是下午1点左右，并且一天后逮捕了一名嫌疑人。他交代下午1点半时从会计师那里离开，从那以后，他有确实的不在作案现场的证明。

如果是这样，凶手是怎么在尸体被发现的10分钟之前去点燃雪茄烟的呢？警员感到很奇怪。协助调查的福尔摩斯也很迷惑，于是，他又到案发现场进行勘查，当他发现了写字台旁放着一架天文望远镜的时候，马上就解开了案件之谜，高兴地说道：“我知道嫌疑人是怎样点燃雪茄的了。”

你能想到凶手是怎样做的吗？

【侦查笔记】

主诉	警方	证据及线索	①一支还在燃烧的雪茄 ②雪茄烟灰的长度1厘米
时间	下午4点钟左右		
地点	一所公寓5楼的一个房间	关键点	天文望远镜
事件	凶杀案	嫌疑人	
人物及关系		侦查方向	写字台上为什么会有天文望远镜

063. 不同的时间

某天夜里，在一个公寓里发生了一起枪击事件。住在这幢公寓的4个人同时被枪声惊醒，各自看了自己的手表。当警察同福尔摩斯赶到现场询问4个人时，他们分别做了如下回答：

“我听到枪声是12点零8分。”

“不，是11点40分。”

“我记得是12点15分。”

“我的表是11点53分。”

4个人说的时间都不一样，因为他们的手表都不准。

一个慢25分钟，一个快10分钟，还有一个快3分钟，最后一个慢12分钟。福尔摩斯一听完就知道了枪声响起的准确时间。你能推断出枪声响起的准确时间吗？

【侦查笔记】

主诉		证据及线索	①4个人的手表都不准 ②一个慢25分，一个快10分，一个快3分，一个慢12分
时间	夜里		
地点	一个公寓里	关键点	时间
事件	枪击事件	嫌疑人	
人物及关系	福尔摩斯推算枪声响起的准确时间	侦查方向	时间差

064. 菲亚的暗示

犯罪现场在菲亚别墅中的卫生间里，她全身赤裸着俯卧在卫生间冰冷的地砖上，背部插着一把匕首，她的头部朝右前方抬着，右手指着大理石浴缸的外壁。

警员仔细勘查了现场，遗憾的是未能提取到任何有价值的痕迹物证，而菲亚右手的指向到底暗示着什么，大家讨论数次还是百思不得其解。

经侦查，菲亚的初恋男友汤姆和现在的男友亚斯均有作案动机。汤姆可能因与菲亚的恋情无法挽回而绝望，杀人绝情；亚斯则对菲亚心生厌意，无法摆脱，进而杀人。况且两人在菲亚被害的那段时间内，均称单身独处，无人能够提供证明。他们单身独处之地离现场又非常近，完全能快速作案并迅速离开。

警方对汤姆和亚斯讯问多次，两人均作痛苦状，坚称自己未曾杀人。案件侦查陷入僵局，警长决定复勘现场，并邀请福尔摩斯参与复勘工作。福尔摩斯在卫生间沉思了一会儿，起身时看到了淋浴器，恍然大悟，解开了菲亚暗示之谜。

你知道福尔摩斯是怎样得到菲亚暗示的线索的吗？

【侦查笔记】

主诉	警方	证据及线索	①被害人头部的朝向和手指的朝向 ②菲亚的初恋男友和现男友都有作案动机
时间			
地点	菲亚别墅的卫生间	关键点	淋浴器
事件	凶杀案	嫌疑人	汤姆和亚斯
人物及关系	福尔摩斯发现菲亚的暗示	侦查方向	洗澡时的卫生间

065. 奇怪的客人

一个秋天，福尔摩斯骑马赶路，途中遇上大雨，当他来到一家小店时，浑身已经湿透，冷得直发抖。但客店里挤满了人，他无法靠近火炉。于是他对店主大声说道："老板，请拿点儿肉去喂喂我的马。"店主疑惑地说："马不吃肉呀。"福尔摩斯则说："你只管去喂就行了。"店主只得拿着肉出去喂马。

你能猜出福尔摩斯为什么要这样做吗？

【侦查笔记】

主诉	福尔摩斯	证据及线索	①店里挤满了人 ②福尔摩斯让老板拿肉喂马
时间	秋天		
地点		关键点	用肉喂马
事件		嫌疑人	
人物及关系	福尔摩斯去小客店避雨	侦查方向	马吃什么

066. 被忽略的财富

在伦敦侦探俱乐部里，科特上校正跟这里的成员谈一桩令他伤脑筋的案子。

最近，一个来自南美的陌生人到了伦敦。有情报说此人可能是间谍，携带10万英镑来英国资助间谍活动。因此，在他下船几个小时后，我们故意制造了一次车祸，弄伤了他的胳膊，趁机把他送进医院。我们仔细地检查了他的衣服和行李，结果，除了一个公文包里面放有几封他的朋友写给他的信之外，一无所获。

“我们考虑了几种可能：第一，他可以把英镑通过邮局寄给自己，但此时邮递业务检查得非常严格，因此这个办法行不通；第二，他可以用手术的办法将宝石放在体内，但X线检查排除了这种可能。对他如何藏起价值10万英镑的，不知诸位有何高见？”

俱乐部成员议论纷纷。这时福尔摩斯转过身来对上校说：“上校，我认为你忽略了一种非常明显的可能。”

上校忽略了哪种可能呢?

【侦查笔记】

主诉	科特上校	证据及线索	情报说有间谍携带10万英镑来英国资助间谍活动
时间			
地点	伦敦侦探俱乐部	关键点	间谍身上什么都没有
事件		嫌疑人	
人物及关系	福尔摩斯帮科特上校分析案件	侦查方向	什么东西能价值10万英镑

067. 保龄球命案

英国保龄球夏季职业大赛正在进行，两个著名的选手莲娜和海蒂正进行冠军争夺战。比赛还没有结束，莲娜突然倒地丧命。

警察和福尔摩斯立即赶到现场，福尔摩斯仔细地听着裁判费尔的叙述：“当时，莲娜正在打第五球，但球竟然失准，滚到球道侧入坑，当球由运输带运回后，她准备打了补中时，球又失去控制，再滚入坑，她看了看中指尖，有一个小孔。”“她用的是私家球吗？”福尔摩斯问。

“当然，这是职业大赛，球在这里。”教练把球递过来，福尔摩斯小心地查看，这只是一个普通的保龄球，手指插入的孔中，也没有针状之类的东西。

通过进一步调查，警方查出了一点儿线索，知道莲娜的对手海蒂的弟弟约克竟是这个球场的保龄球机管理员，福尔摩斯确定凶手是海蒂的弟弟，并推测出约克为了姐姐能赢得冠军，而不惜下毒手的全过程。约克下毒手的过程是怎样的呢？

【侦查笔记】

主诉		证据及线索	①莲娜第五球失准 ②约克是保龄球机管理员
时间	夏季		
地点	保龄球赛场	关键点	下毒手法
事件	毒杀案	嫌疑人	约克
人物及关系	海蒂的弟弟约克为了让姐姐赢得比赛毒杀莲娜	侦查方向	保龄球有什么特点

068. 消失的脚印

清晨，在海滨旅游别墅避暑度假的福尔摩斯来到海边沙滩上散步。海水碧蓝，空气清新，他感到赏心悦目。当他走到被礁石阻隔开的另一片海滨沙滩时，发现沙滩上仰面躺着一个体态婀娜的姑娘，黄白相间的游泳衣上缀着一大朵红色的花朵图案，美丽极了。这位姑娘雅兴极好，大清早就晒日光浴，福尔摩斯心想。可是，当福尔摩斯稍稍走近，注视那朵红花图案时，他发现那朵红花图案边缘似乎不规则。福尔摩斯怀着不祥的预感走近一看，那朵红花图案竟然是一摊血迹！

当地警察勘查现场时，福尔摩斯就回避了。可是，几天后福尔摩斯被当地警方召去，受到了非常仔细的盘问。福尔摩斯的职业经验告诉他，自己成了嫌疑对象。经过几番盘问，当地警方实在无法找到福尔摩斯作案的嫌疑，无论动机、条件、时间。当福尔摩斯好奇地问他们为什么怀疑自己时，对方告知因为沙滩上除了姑娘的脚印，只有福尔摩斯的脚印。福尔摩斯又了解到姑娘死亡的实际时间是在晚上落潮前后，行凶者的脚印怎么会消失呢，福尔摩斯陷入了思考，过了一会儿，福尔摩斯对警员说："行凶者脚印消失的谜团我已经解开了，你按我的结论去调查吧。"你能想到行凶者的脚印是怎么消失的吗？

【侦查笔记】

主诉	福尔摩斯	证据及线索	①姑娘的死亡时间是晚上落潮前后 ②沙滩只有姑娘的脚印，没有凶手的
时间	清晨		
地点	海滩上	关键点	死亡时间
事件	凶杀案	嫌疑人	
人物及关系	福尔摩斯被警方怀疑	侦查方向	

069. 致命晚餐

罗拉是一家餐厅的老板，她深爱着约翰，但想不到约翰是一个花花公子，和她相处不久便见异思迁追求另一名女子了。

罗拉决心报复约翰，她假借谈论分手的事情，邀请约翰到她的餐厅吃晚饭。约翰不疑有诈，欣然赴约。晚饭时，由于天气太热，约翰觉得饭菜又相当咸，感到十分口渴，便向女侍应要了一杯冰水，他喝光后，又要了一杯冰水。但当第二杯冰水送来时，约翰突然倒在座椅上，没了呼吸。

经警方检验后，断定约翰是中毒而死的，但检验他所进食的饭菜却没有毒药成分。警员们百思不得其解，同行的福尔摩斯告诉警长，他们漏掉了一个重要的线索。

你知道是哪个线索吗？约翰是怎样被毒死的呢？

【侦查笔记】

主诉	罗拉	证据及线索	①罗拉是餐厅的老板 ②约翰喝了一杯冰水
时间			
地点	罗拉的餐厅	关键点	两杯冰水
事件	毒杀案	嫌疑人	罗拉
人物及关系	罗拉毒杀了约翰	侦查方向	下毒的手法

070. 照片证据

一个星期天的下午三点左右，在市郊的一栋小房子里，一位独居的老妇人被人杀害。

警方经过调查，抓到了一名犯罪嫌疑人，但是嫌疑人很快拿出了一张照片作为自己不在场的证据。照片的拍摄日期正是案发当天，照片中天气晴朗，阳光明媚，地点是市中心一座钟楼前面。只见照片上钟楼显示的时间是三点。

前来协助调查的福尔摩斯仔细看着这张照片，发现照片中人物穿的衣服纽扣是左右颠倒的，就对嫌疑人说："你在撒谎，这张照片说明你就是凶手。"并指出了嫌疑人伪造证据的手段。嫌疑人只能承认了自己就是凶手。

你知道凶手是如何伪造证据的吗？

【侦查笔记】

主诉	警方	证据及线索	①嫌疑人的照片 ②照片中是市中心的钟楼前，钟楼上的时间是三点
时间	星期天		
地点	市郊的一栋小房子	关键点	衣服纽扣是左右颠倒的
事件	谋杀事件	嫌疑人	
人物及关系	福尔摩斯拆穿嫌疑人的谎言	侦查方向	为什么衣服纽扣会颠倒

071. 公园里的尸体

周日早上，公园一开门，人们就发现草丛边上的躺椅上有一个流浪汉的尸体，尸体身下还垫着一张周日的晨报，他的口袋里放着一份遗书："我对生活失去了信心。"经验尸后，证实死亡时间应在周六晚上9时左右。

福尔摩斯在观察过现场后便说："即使是自杀，发生的地点也绝不是这里。我推测是有人怕麻烦，才将尸体转移到此。"

你知道福尔摩斯凭什么这样说吗？

【侦查笔记】

主诉	福尔摩斯	证据及线索	①尸体下垫着一份报纸 ②尸体口袋里放着一份遗书
时间	周日早上		
地点	公园	关键点	验尸后死亡时间是周六晚9时左右
事件		嫌疑人	
人物及关系		侦查方向	注意时间

072. 消失了的凶器

在一所大学体育馆的女子淋浴室，有位女学生被杀，她是被人用细绳勒死的。可是现场只有毛巾、浴巾，没有发现任何类似绳子的东西。案发当时，另一位扎着两条麻花辫的女大学生也在现场淋浴，因此她的嫌疑很大，可是她的同学都清楚地看到，她是赤裸着从淋浴室里走出来的，毛巾、浴巾太粗，根本无法形成脖子上细细的勒痕。在下水道、排水口等地也没有发现转移凶器的迹象。

福尔摩斯看了案发现场的勘查结果，也觉得很奇怪，杀人的凶器到哪里去了呢？当福尔摩斯见到这位学生时，心里便得到了答案。

你能想到杀人凶器是什么吗？

【侦查笔记】

主诉	福尔摩斯	证据及线索	现场有毛巾、浴巾
时间			
地点	大学体育馆的女子淋浴室	关键点	绳子的粗细
事件	凶杀案	嫌疑人	扎着麻花辫的女大学生
人物及关系	扎麻花辫的女大学生是死者的同学	侦查方向	嫌疑人的头发

073. 里程表之谜

一天，一个人称自己新买的钢琴被人偷走了。接受委托的福尔摩斯马上到现场查看。报案人称自己今天买了一架钢琴，用车子运回来。由于自己一个人搬不到楼上去，便去邻居家找人帮忙。但是邻居家里有些急事，需要处理完才能帮自己，所以等他带着邻居回来的时候，已经是一个多小时以后了。这时他发现钢琴不见了，但是车还在。

"钢琴那么重，谁会把它偷走呢？又是怎么偷走的呢？"报案人非常不解。

"会不会是有人开着你的车偷走了钢琴，然后又把车还回来了呢？"福尔摩斯猜测说。

报案人看了看汽车的里程表，说："不可能，我回来的时候刚看过，是1258千米，现在还是1258千米，一点儿都没有变。"

最后，福尔摩斯经过多方调查，终于抓到了这个窃贼，而且他竟然真的是用报案人的车运走钢琴的。

你知道窃贼是如何做的吗？

【侦查笔记】

主诉	钢琴失主	证据及线索	①钢琴很重，一人推不动 ②车子还在
时间			
地点	失主家门口	关键点	里程表没有变化
事件	失窃案	嫌疑人	
人物及关系		侦查方向	里程表的工作原理

074. 脱口而出

福尔摩斯来到一所公寓前，他要找一个名叫约翰的人。

开门的正是约翰本人，他请福尔摩斯进屋后，说："您有何贵干？"

“先生，你认识一个叫杰克的人吗？”“杰克？我从来没听说过。”

“我刚从警局过来，他说认识你。”福尔摩斯接着说道，“杰克抢劫了一家金店，抢走了很多金条。我们已经将他抓获了，他也招供了，他说把金条都交给你了。”

“我不认识什么杰克，对金条也没有兴趣。”

“那杰克为什么会说，他将金条都交给你了呢，你又把金条藏到哪里去了？”

约翰气得大声叫道：“我说过了，我对金条不感兴趣，我也不认识什么威尔斯·杰克！”

“先生，很遗憾，你刚才犯了一个小错误。请跟我到警局走一趟吧。”福尔摩斯笑着说道。

你知道约翰犯了什么错误吗？

【侦查笔记】

主诉	福尔摩斯	证据及线索	杰克说他把抢来的金条都交给了约翰
时间			
地点	一所公寓	关键点	约翰否认认识杰克
事件	抢劫案	嫌疑人	约翰
人物及关系	约翰和杰克是共犯	侦查方向	威尔斯·杰克

075. 间谍小说家的离奇死亡

专门写间谍小说的作家杰西，喜欢在旧仓库的烛光下写小说。一天早晨，杰西被人发现死在那个仓库里。他趴在自己的书稿上，书稿旁还剩余半根蜡烛。有人说或许是他太迷恋小说的情节，精神过于紧张，才心脏停搏猝死。法医鉴定死亡的时间是昨晚12时左右。

福尔摩斯看了现场的情形后，就一口咬定说：“不，这绝不是自然死亡，是凶手用特殊手段将他弄成心脏停搏猝死的样子。”

福尔摩斯究竟是根据什么证据而说出这些话的呢？

【侦查笔记】

主诉	福尔摩斯	证据及线索	①杰西趴在自己的书稿上 ②书稿旁还剩半根蜡烛
时间	昨晚12时左右		
地点	作家杰西家的旧仓库	关键点	死亡时间为昨晚12时左右
事件	谋杀案	嫌疑人	
人物及关系		侦查方向	非自然死亡

076. 口袋里的金币

福尔摩斯驱车经过某住宅区时突然发现路旁躺着一个人。福尔摩斯下车一看，那人已气绝身亡，脖子上留有明显被勒的痕迹。

这时，附近一幢住宅走出一个人来，走上前来弯腰一瞧，惊恐地喊了起来："啊，这不是杰克吗！我料到会出这事。我警告过他！""警告过他什么？你是谁？"福尔摩斯问。"警告他不要总是把金币弄得叮当响。我是乔治，杰克和我是20年的老邻居了。几分钟前我见他走过去，他总喜欢把他的金币弄得叮当响，好像特意要招人抢劫似的。我告诉过他要小心点儿的。"

福尔摩斯检查了尸体，从裤子的右边口袋里发现了一枚金币，又在他左边口袋里发现了1美元纸币。福尔摩斯很快便通知警察逮捕了乔治。

福尔摩斯通知警察逮捕乔治的依据是什么？

【侦查笔记】

主诉	福尔摩斯	证据及线索	死者裤子的右边口袋里有一枚金币，左边口袋里发现了1美元纸币
时间			
地点	路旁	关键点	金币的响声
事件	谋杀案	嫌疑人	乔治
人物及关系		侦查方向	乔治的证词

077. 路遇抢劫者

晚上9点，福尔摩斯听到远处喊着“抓强盗”的急促呼救声。福尔摩斯快步赶到出事现场，只见一胖一瘦两个人正扭打在一起，见有人来了，都说自己的手表被对方抢了。福尔摩斯问：“是什么表，何种表带？”那两人异口同声地回道：“瑞士表，黑色皮质表带。”

破案经验丰富的福尔摩斯从地上捡起手表，只做了个简单的动作，便断定二人中谁是抢劫者。

福尔摩斯做了什么动作呢？

【侦查笔记】

主诉	福尔摩斯	证据及线索	瑞士表，黑色皮质表带
时间	晚上9点		
地点		关键点	黑色皮质表带
事件	抢劫	嫌疑人	一胖一瘦
人物及关系		侦查方向	根据平时戴手表的习惯判断

078. 报警的数字

比利夫人在妹妹家里刚住了一天，管家就打电话让她赶快回家。她刚进家门，电话就响了，听筒内传来一个陌生男人的声音：“你丈夫比利现在在我们手里。如果你希望他继续活下去，就快准备40万美金，你要是报警，可别怪我们对比利不客气！”比利夫人听罢，瘫坐在地上。她思来想去一整夜，决定请福尔摩斯来帮忙。

福尔摩斯立即驾车来到比利的别墅。首先，他去询问管家。管家说：“昨天晚上来了个戴墨镜的客人，他的帽檐压得很低，我没看清他的脸。看样子和先生很熟，他一进来先生就把他领进了书房。过了1小时，我见书房里毫无动静，就推门进去，谁知屋里空无一人，窗子是开着的，我就给夫人打了电话。”

福尔摩斯走进书房查看，没有发现什么线索。他又看了看窗外，只见泥地上有两行脚印，从窗台下一直延伸到别墅的后门外。看来，绑匪是逼迫比利从后门走出去的，福尔摩斯转回身又仔细看了看书房，发现书桌的台历上写着一串数字：7891011。福尔摩斯想了想，问比利夫人：“你丈夫有个叫贾森（JASON）的朋友吗？”她点了点头，福尔摩斯说：“我断定贾森就是绑匪。”果然，福尔摩斯从贾森家的地窖里救出了比利，贾森因此锒铛入狱。

你知道福尔摩斯为什么根据那串数字就能推测出绑匪是贾森吗？

【侦查笔记】

主诉	比利夫人	证据及线索	书桌的台历上写着7891011
时间			
地点	比利的别墅	关键点	贾森（JASON）
事件	绑架案	嫌疑人	贾森
人物及关系		侦查方向	台历上的数字可能指代什么

079. 空罐头盒

两个男子打了起来，隔壁的妇女听到声响后，立即报警。福尔摩斯和警长带人赶到现场后发现其中一人的头被打破，已经死去，从伤口看，是死于钝器猛击。可是，审问凶手汤姆，他拒绝回答。警长在这间连像样的家具都没有的屋子里搜了半天，连个玻璃瓶子都没找到。要说像凶器的钝器，只有一个空菠萝罐头盒了，而且被压扁扔在地上。

“你是用这个罐头盒打的他吗？”“笑话！你们相信这空罐头盒子能置他于死地吗？”汤姆摊开双手，做出若无其事的样子。

据住在隔壁的那位妇女说，汤姆在案发后一步也没有离开过房间，而且没有向窗外扔过什么凶器。那么，他到底用的什么样的凶器，又把它藏在哪儿了呢？福尔摩斯考虑了片刻，向警长点了点头。警长突然把汤姆的胳膊扭到背后，助手朝他的腹部猛击。汤姆因受到突然袭击，疼痛难忍，呕吐起来。“汤姆，还假装不知道吗？”说着，福尔摩斯指出了真正的凶器。

你知道凶器究竟是什么吗？

【侦查笔记】

主诉	福尔摩斯	证据及线索	屋子里只有一个空菠萝罐头盒子
时间			
地点		关键点	死者是被钝器打死的
事件	凶杀案	嫌疑人	汤姆
人物及关系		侦查方向	屋子里的钝器

080. 话中有话

独居的琳达打开了收音机，播音员正在播报一条消息："今天19点左右，一名79岁的老人在街心公园遭遇抢劫并被枪杀。据目击者说，凶手穿绿色西装，请知情者速与警察局联系。"街心公园正在琳达住处附近，她感到害怕。

正在这时，阳台门口处突然出现了一个男子，身穿绿色西装，而且衣服上有血迹，琳达吓得脸都白了。那人让琳达把手表和金戒指交给他。这时，突然有人敲门。那人用枪顶着琳达的背，命令道："到门口去，就说你已经睡下了，不能让他进来。""谁呀？"琳达问道。"福尔摩斯。琳达小姐，你这儿没事吧？"听到这熟悉的声音，她内心平静了许多。"是的。"她答道。停了一会儿，她用稍大的声音说："我哥也在问你好，福尔摩斯！""谢谢，晚安。""干得不错，太妙了。"那人高兴地大口喝起酒来。突然，从阳台的门口一下子冲进来许多警察。没等那人反应过来，他就被戴上了手铐。

"好主意，琳达小姐。你没事吧？"福尔摩斯关切地问道。请问，琳达的好主意是什么？

【侦查笔记】

主诉	琳达	证据及线索	①独居的琳达打开了收音机 ②琳达用稍大的声音说："我哥也在问你好，福尔摩斯！"
时间			
地点		关键点	琳达对福尔摩斯说的话
事件	抢劫案	嫌疑人	穿绿色西装的劫匪
人物及关系	福尔摩斯和琳达是朋友	侦查方向	福尔摩斯和琳达很熟悉

081. 电梯里的飞剑

福尔摩斯去宾馆拜访被截去双腿的画家杰伦，杰伦的秘书出来迎接。"画家就在4楼。"秘书说着，按了一下在专用电梯旁边的有线电话："福尔摩斯先生来了。要不要带他到画室？""不，我这就下来。"杰伦先生坐着轮椅进了电梯。不一会儿，电梯就直接下到1楼。

电梯的自动门一开，秘书就发出了惊讶的叫声。狭窄的电梯里，画家杰伦先生坐在轮椅上浑身痉挛。原来，一把锐利的短剑直刺在杰伦的头上，剑柄上还拴着一截橡皮筋。秘书将轮椅从电梯里拉出来，摸了摸杰伦先生的脉搏，说："看来他不行了！这真是怪事，4楼画室里，除了先生，一个人都没有……""这屋里还有楼梯吗？""有个紧急时用的螺旋楼梯，平时是不用的。""那我们分别从电梯和那个楼梯到上面去看看！"福尔摩斯乘上刚才杰伦先生遇难的那部电梯。而秘书和宾馆工作人员则上了螺旋楼梯。福尔摩斯很快到了4楼画室，没见到任何人。不一会儿，秘书和宾馆工作人员也上来了。

"凶手也许是藏在电梯上下的电梯井里，我去那里看看。请您向警察局报案。"秘书摘下电梯的天花板，进入了电梯井。宾馆工作人员报案，随即也跟在秘书后面钻进了顶楼，可是，工作人员马上又下来了，浑身沾满了灰尘，而秘书却不知去向了。"凶手会逃到哪里去呢？"福尔摩斯很奇怪。杰伦先生肯定在乘电梯下降到1楼时被杀。电梯没有在中途停过，凶手又不可能逃脱三个人的眼睛而溜走。

福尔摩斯忽然想起刚才所乘的电梯天花板上有个通风孔，心里不由得一动：凶手会不会是……你认为会是谁呢？

【侦查笔记】

主诉	福尔摩斯	证据及线索	①4楼除了杰伦没有别人 ②螺旋楼梯也没有任何人
时间			
地点	宾馆	关键点	秘书不知去向
事件	谋杀案	嫌疑人	
人物及关系	福尔摩斯去拜访画家杰伦	侦查方向	为什么要在电梯中行凶

082. 真正的行凶时间

一天晚上阿里在郊外散步，忽然看见一幢别墅燃烧起来，便不顾危险闯入火场，看见一个头部受伤的女人躺在地上，在她旁边放着一根高尔夫球杆。凌乱的现场加速了火势的蔓延，这时阿里发现地上有一个巨大的吊钟，好像是行凶者在挥击高尔夫球杆时无意碰到而坠落下来的，吊钟上的时针因为受到了振荡停了。阿里判断钟停的时间也许是凶手行凶的时间，因为火势太猛，他只能用相机拍下了现场的照片，便匆匆逃了出去。

后来，阿里把照片洗出来交给福尔摩斯作为破案的线索。大概是他在慌乱中乱按快门的关系，照片上只有时钟指针尖端的一部分。

照片上的时钟，长针与短针相距两个整刻度，且都指在刻度上。福尔摩斯根据这个照片还原了时间，你能推算出时钟上是几点几分吗?

【侦查笔记】

主诉	阿里	证据及线索	①高尔夫球杆 ②吊钟
时间			
地点	别墅	关键点	时钟是在几点不动的
事件	受伤而死的女人	嫌疑人	
人物及关系	福尔摩斯推算时间	侦查方向	凶手行凶时间

083. 假意露手枪

福尔摩斯结束了一个聚会后，朋友送给他两件礼品：一个密码箱和一只手枪形的打火机。卧铺票已经卖完，为了赶时间，他只好坐硬座火车回来。那个密码箱就放在货架上，和众多的旅行袋、提包放在一起，非常引人注目，也给他带来不少麻烦——几乎每上来一个旅客都对它很感兴趣。他不得不时时警惕，刻刻戒备。车在通过山区时，上来了几个彪形大汉，他们向货架上扫视了一下，很快就发现了那个密码箱，就相约着挤了过来，明明前面有几个空位，他们偏偏不坐，围站在福尔摩斯的座位四周。看来他们要来偷，甚至抢这个密码箱。

福尔摩斯知道这一段铁路治安状况很差，甚至听说最近出现了路匪。他想把这个密码箱从货架上取下来抱在胸前，以防不测。但又想，这样做反而露了形迹，会弄巧成拙的。此刻他想去找乘警帮忙，但夜间行车，乘警不知道去了哪里。怎么办呢？这时，他想起了朋友送他的礼品，灵机一动，做了一个细微动作，并让几个彪形大汉发现。奇迹出现了，那几个彪形大汉耳语了几句，在火车到达一个小站时，依次下车了。

福尔摩斯究竟做了一个什么样的动作呢？

【侦查笔记】

主诉	福尔摩斯	证据及线索	①一个密码箱，一只手枪打火机 ②路匪
时间			
地点	火车上	关键点	手枪打火机
事件	密码箱	嫌疑人	
人物及关系		侦查方向	

084. 是否被“调包”

珠宝店来了一个打扮得像暴发户的人，举止粗野、态度蛮横，用命令的口气指使店员要这要那，嘴里还嚼着口香糖，并不时地吹起小泡泡。店员忍气吞声地应酬着。

“哎哟，怎么搞的？”暴发户拿在手里的钻石不小心掉到了地上。店员慌忙拾起来一看，却是纯粹的假货。“先生，非常抱歉，是您将钻石调包了吧？请将所有口袋都向外翻过来，配合我们检查一下。”直到这时，店员才强硬起来。可是暴发户将全身的口袋都翻了过来，也没有发现真钻石。

“像话吗？你们以假充真，卖冒牌钻石，还在我身上找碴儿！走，上警察局评理去！”

店员虽坚信是此人玩了调包计，可又拿不出证据，只得忍气吞声地连连鞠躬道歉。在旁边的福尔摩斯冷笑了一声说：“这位先生，您刚才嚼的口香糖哪里去了？”

请问，真钻石是否被暴发户“调包”了呢？他这“魔术”是怎么变的？

【侦查笔记】

主诉	珠宝店员	证据及线索	
时间			
地点	珠宝店	关键点	口香糖
事件	钻石调包	嫌疑人	暴发户
人物及关系		侦查方向	

085. 轮胎痕迹

警长来到福尔摩斯的公寓，进门便问福尔摩斯的助手：“停车场那辆车是你的吗？”“是的。”“要是这样的话，你得跟我去一趟警署。”助手大吃一惊。原来昨晚10点左右，一个间谍潜入了科研所，被警卫人员发现，仓皇越墙乘坐停在外面空地上的一辆小轿车逃走了。

“你意思是说那辆车是我的喽？”“是的，空地上留有轮胎的痕迹。方才，让鉴定科的人勘查了你的那辆车，结果与现场的轮胎痕迹完全一致。即使是相同产品的轮胎，因磨损状况各异，所以各有各的特征。轮胎痕迹也同足迹一样，是决定性的证据。”让警长这么一说，助手越发吃惊了。

“可是，警长，我有不在现场的证明。昨晚9点左右，我和福尔摩斯先生聊了两个半小时，11点20分左右才出福尔摩斯先生家的门。这段时间内我的车就停在A公寓的停车场上，锁得好好的啊。”

“这么说犯罪嫌疑人是用配的钥匙偷了你的车？从A公寓到科研所有一个小时的路程，开车一个来回时间有富余的。”

“不可能。我有个习惯，停车后和开车前总要看一下里程表，昨晚从福尔摩斯先生家离开时，里程表的数字与停车时丝毫未变。这就是说我在福尔摩斯先生家这段时间里，我的车没离开过停车场。”

“真奇怪，那么现场怎么会留下你的车胎痕迹呢？”

警长百思不得其解。然而福尔摩斯仔细查看了助手的汽车，发现轮胎处的螺栓有些松动，便看穿了犯罪嫌疑人的把戏。

你知道是什么把戏吗？

【侦查笔记】

主诉	警长	证据及线索	①空地上的小轿车 ②轮胎磨损痕迹
时间	昨晚10点左右		
地点	科研所停车场	关键点	轮胎
事件		嫌疑人	福尔摩斯助手
人物及关系	福尔摩斯帮助助理洗清嫌疑	侦查方向	轿车

086. 假借据

莱特是一家贸易公司的高层管理人员，正在公司发展蒸蒸日上的时候，他却因为癌症死了。葬礼后没几天，一位陌生人来到莱特家，对莱特太太说：“我是莱特的生意伙伴，他曾经因业务需要向我借了50万英镑。现在他死了，这笔钱应该你来还！”说着拿出了一张借据。

莱特太太看了看借据，只见上面写着：“因业务需要向×××借款50万英镑。”并有莱特的签名。莱特太太说：“对不起，我丈夫从来没有提起过此事。”在这儿做客的福尔摩斯也接过借据仔细地看了起来，说：“这张借据是假的，你要是继续纠缠的话，我们只好和你去警察局了！”陌生人一听，马上灰溜溜地走了。

福尔摩斯为何说借据是假的呢？

【侦查笔记】

主诉	福尔摩斯	证据及线索	借据上的文字
时间			
地点	莱特家	关键点	
事件		嫌疑人	借据
人物及关系		侦查方向	莱特的生意伙伴

087. 嫁祸他人

莉莉娅小姐是一位模特，一个人居住，便请了女佣每隔两天来家中打扫一下。一天早晨，女佣来到莉莉娅小姐家中打扫房间，发现她一夜未归，并在打扫房间时发现了大量首饰，便起了偷窃之心。但是这个过程恰好被前来找莉莉娅小姐的助理发现了。两人争执中，女佣勒死了助理。接着她从莉莉娅小姐的梳子上取下几根头发，塞在死者的手中，布置成助理与莉莉娅小姐厮打时被勒死的样子后，便偷偷离开了。

中午，莉莉娅小姐回到家中，发现了助理的尸体，便报了警。

警长和福尔摩斯来到现场，经过调查发现死者手中的长头发正是莉莉娅小姐的。初步怀疑莉莉娅小姐就是杀人凶手。接着福尔摩斯又询问了莉莉娅小姐的行踪。莉莉娅小姐回答说："因为今天有工作，所以我昨天晚上先去了理发店，修剪了一下头发。之后一个人去酒吧喝酒，后来喝醉了，就去朋友家睡了一晚。早上起来后，打电话给助理准备交代一下工作的事情，可是助理没有接电话，就四处找她。到了中午还没找到，我就回家了，发现了助理的尸体。电话没有接通。"

福尔摩斯看了看莉莉娅小姐新修剪的头发后，排除了莉莉娅小姐的嫌疑。

你知道是怎么回事吗？

【侦查笔记】

主诉	莉莉娅小姐	证据及线索	
时间			
地点	莉莉娅小姐的家	关键点	
事件	助理死亡	嫌疑人	女佣、莉莉娅
人物及关系		侦查方向	

088. 后花园里的谋杀案

清早起来，威廉姆斯公爵夫人用过早饭后照例到后花园里去散步，在院墙边的一棵大树下发现了一具男子的尸体。

福尔摩斯闻讯，带着助手迅速赶到现场。经检查后得知，死者的死因是头部受到撞击，既可能是他人持硬物所伤，也可能是自己从树上掉下来，头部撞到硬物而亡。

在大树底下，福尔摩斯还发现了死者生前穿的塑料拖鞋，树干上沾着一些血迹，还有人爬过的痕迹。在死者的脚底，有一些从脚趾到脚跟的直线形伤痕，似乎是被树皮一类的东西刮伤的。

助手推测说："死者大概是想爬树越过院墙，但被树皮刮伤脚部，疼痛难忍，失足坠地摔死。"福尔摩斯则笑着摇了摇头。助手的判断哪儿错了呢？

【侦查笔记】

主诉		证据及线索	
时间			
地点	后花园	关键点	塑料拖鞋
事件		嫌疑人	
人物及关系		侦查方向	脚底、血液

089. 是自杀还是他杀

一天早晨，某公司总经理被发现死在了自己的公寓中。他全身泡在浴缸里，左手手腕上割出一道伤口，里深外浅，伤口外侧还有一条划痕，右手中拿着一个刀片。在浴缸不远处有一个字条，上面写着："我痛恨股市！"这似乎是指近期股市大跌导致公司贬值一事。

但是，在案发现场调查的福尔摩斯马上断定，总经理自杀的现场是凶手伪造的，因为案发现场出现了一个重大破绽。你知道是什么吗?

【侦查笔记】

主诉	福尔摩斯	证据及线索	①字条"我痛恨股市" ②右手拿刀片
时间	一天早晨		
地点	公寓中	关键点	浴缸
事件	某公司总经理死亡	嫌疑人	
人物及关系		侦查方向	股市

090. 识破小偷

一天，福尔摩斯在一所住宅的后门看见一个可疑男子。

"你等一下。"福尔摩斯见那人形迹可疑，便喊了一声。

那人听到喊声，愣了一下，便停下了脚步。

"你是不是趁这家里没人，想偷东西?"

"您这是哪儿的话，我就是这家的啊。"那个人答道。

正说着，一条毛茸茸的卷毛狗从后门跑了出来，站在那个人身旁。

"您瞧，这是我们家的看家狗。这下您知道我不是可疑的人了吧?"他一边摸着狗的脑袋一边说。

那条狗还充满敌意地冲着福尔摩斯"汪汪"直叫。

“嘿！玛丽，别叫了！”

听他一喊，狗立刻就不叫了。这条狗快步跑到电线杆旁边，跷起后腿撒起尿来。

福尔摩斯仿佛受了愚弄，拔腿向前走去。可他刚走几步，好像突然想起了什么，又急转回身不由分说地将那个男子扭送到警局了，嘴里还嘟囔着：“闹了半天，你还是个贼啊。”

那么，福尔摩斯到底是根据什么识破了小偷的身份呢？

【侦查笔记】

主诉	福尔摩斯	证据及线索	
时间	某天		
地点	福尔摩斯住宅	关键点	玛丽
事件		嫌疑人	那个人
人物及关系		侦查方向	

091. 消失的杯子

初冬，外面有一点点冷，福尔摩斯穿着一件厚外套，围着一条毛线织成的围巾，来到好朋友威廉家。

“好久不见了，我们喝点儿啤酒吧！”威廉很热情，拿出了两个带柄的玻璃杯。可打开冰箱一看，啤酒喝光了。“稍等一下，我下去买。”

威廉来到楼下常光顾的小店，买了一打啤酒，又选了几样下酒的零食，10分钟后就回到了家。正要倒酒，却发现酒杯不见了。“咦，刚才还在这儿的！”

“哈哈，趁你刚才买啤酒，我把它们变到楼下去了，你上来时没看到吗？”福尔摩斯打趣道。

“怎么可能？你又没有下楼。要是你直接从窗户往下扔，就会摔碎的，这可是9楼啊！”可威廉从窗口往下一看，发现楼下的空地上有两个闪闪发亮的东西，那不正是家里的酒杯嘛！

你知道福尔摩斯是怎么在没下楼的情况下把两个玻璃酒杯完好地转移到楼下的空地上的吗？

【侦查笔记】

主诉	福尔摩斯	证据及线索	①丢失的酒杯 ②喝点啤酒
时间	初冬		
地点	威廉家	关键点	9楼
事件	楼下的酒杯	嫌疑人	
人物及关系		侦查方向	

092. 台长的密室

福尔摩斯去电视台看一部侦探片的录制过程，这次节目的主持人是L先生和D小姐。D小姐近期准备辞去自己主持人的职位（原因不明）；L先生的业余爱好是射击，而且技术很好，在公司还是一流的主持人，为人却很谦虚。

节目的开始又是那老一套的对话，持续了一个多小时，这个侦探片的内容让福尔摩斯无聊得简直要睡着了。这时，突然冲进来一位勤杂人员，他报告的消息让福尔摩斯惊醒过来。

"十分钟前，台长先生在6楼……被……被枪杀了！我……我就跑来了……"说着便晕了过去。福尔摩斯本能地从现在的9楼（顶层）直冲向案发的6楼。

电视台的楼很大，却只有一个楼梯，从9楼录制节目的房间跑到案发现场用了福尔摩斯六七分钟的时间。

站在那扇被勤杂人员撞开的门前，福尔摩斯检查了一下室内和门锁——锁是从里面反锁上的，屋里面只有一扇大的长方形窗户，以中心为轴可上下旋转，台长的尸体背靠着窗下的墙，蹲坐在地上。而窗户上印出一个花朵形的血迹，显然是被枪杀的时候溅上的。这间房子，成了无可挑剔的密室。

根据调查，台长这段时间因为公司人员晋升的问题跟L发生了矛盾，因此身为神枪手的L自然有了嫌疑，但是，有目共睹，L一直在9楼直播节目，根本没有足够的时间作案。仅有的线索是有人看到他曾在中场休息的时候出去了3分钟。但这点时间根本不够跑到台长所在的6楼去。

当福尔摩斯问他那3分钟在干什么时，L回答说他在和台长通电话。检查了双方的手机，确实有一个通话时间大约1分钟的电话记录。福尔摩斯结合了所有的线索后，心中对谁是凶手和密室的形成有了一个大胆的推测。

请问台长是被谁杀害的？密室又是如何形成的呢？

【侦查笔记】

主诉	福尔摩斯	证据及线索	①台长在6楼被枪杀 ②台长跟人发生矛盾
时间			
地点	电视台	关键点	
事件	台长被杀	嫌疑人	L
人物及关系		侦查方向	

093. 不在现场

在一个初秋的夜晚，一名独居的男子被人用煤气毒死在家里。半夜时，管理员因为闻到煤气的味道将他的房门打开，发现了他的尸体。

厨房中的煤气管道口上接了一条长长的塑胶管，煤气正大量地从管中泄漏出来。而且不知是什么原因，在厨房的地板上有一大片水渍。

解剖尸体后，确定死因是一氧化碳中毒，而且这名男子在死前曾服用过少量的安眠药。

死亡的时间大约是晚上9点钟。在这个狭小的房间里，若是关上门、窗，再将煤气全部打开，在20分钟内人必定会死亡。也就是说，凶手可能在晚上8点40分左右打开了煤气开关，然后逃走了。

两天后警方逮捕了嫌疑人，却发现嫌疑人在案发当晚7点时，因车祸被警方关在拘留所中，整整关了一夜。若是这名嫌疑人在晚上7点之前就放出了煤气，然后逃走，那被害者的死亡时间应该是晚上7点20分才对。但检验结果显示，被害者的确是死于晚上9点钟左右。

那么，这名嫌疑人究竟是用了什么方法，使煤气延后了1小时40分钟才释放出来的呢？警长无法理解，便求助于福尔摩斯。福尔摩斯勘察完现场后便给出了答案。你知道是怎么回事吗？

【侦查笔记】

主诉	福尔摩斯	证据及线索	①死亡时间晚上九点 ②煤气延后的方法
时间	初秋的夜晚		
地点		关键点	
事件	煤气中毒	嫌疑人	嫌疑人
人物及关系		侦查方向	

094. 消失的犯罪嫌疑人

警察跟踪两名犯罪嫌疑人到达一个悬崖边上时，发现脚印突然不见了。只见有两排不同的脚印延伸到悬崖边，正是两名犯罪嫌疑人所穿的鞋子留下来的，但是却没有返回的脚印，这怎么可能呢？难道两个人从悬崖上掉下去了？这个悬崖又高又陡，掉下去必死无疑。

你知道两名犯罪嫌疑人是如何布置这一切的吗？

095. 两根金属棒

一天，华生带着两根金属棒来到福尔摩斯的办公室，对福尔摩斯说："这两根金属棒，其中一根是磁铁，另一根是铁棒，你能不用任何工具将它们分辨出来吗？"福尔摩斯考虑了一会儿，便分出了哪个是磁铁棒，哪个是铁棒。

你能分辨出来吗？

096. 3个10分钟

梅姑是一个奇怪的女盗贼，专门帮警长打开一些难开的保险柜。一天，她应福尔摩斯之邀来到侦探事务所。一进屋，她就看见屋子中间摆着三个一样的新型保险柜。

“啊，梅姑，你来得正好。都说你是开保险柜的能人，那么请你在10分钟之内，不许用电钻和煤气灯，打开这些保险柜吧。”福尔摩斯说道。

“3个用10分钟吗？”“不，每个用10分钟。”“要是这样的话，没什么问题。”梅姑很自信地说。“不过，这保险柜里装的是什么？”

“里面是空的。实际上，这是一个保险柜生产厂家准备在今年春天上市的新产品，并计划推出这样的广告宣传词‘连女盗梅姑也望尘莫及’。为慎重起见，保险柜生产厂家特地委托我请你给试开一下，并且提出无论成功与否，都要用摄像机录下来送给厂方。”

福尔摩斯的助手安装好摄像机的三脚架。“还没有我打不开的保险柜呢，如果10分钟内打开了怎么办？”梅姑问道。“可以得到厂家一笔可观的酬金。还是快干吧，我用这个沙漏给你计时。”福尔摩斯回答说。

随后，福尔摩斯把一个定时10分钟的沙漏倒放在保险柜上面。梅姑也跟着开始了。她将听诊器贴在保险柜的密码盘上，慢慢拨动着号码，以便通过微弱的手感找出保险柜的密码。

1分钟、2分钟、3分钟……沙漏里的沙子在静静地往下流。

“梅姑小姐，已经9分钟了，还没打开吗？只剩最后1分钟了。”

“别急嘛，新型保险柜，指尖对它还不熟悉。”

梅姑瞥了一眼沙漏，又将精力放在指尖的感觉上，终于找出了密码。因为是6位数的复杂组合，所以颇费了些功夫。

“好啦，开了。”梅姑打开保险柜时，沙漏里的沙子还差一点儿就全漏到下面去了。

“可真不赖，正好在10分钟之内。那么再开第二个吧。不过，号码与刚才开的保险柜可不同啊。”福尔摩斯说着把沙漏倒了过来。

打开第二个保险柜顺利了很多。打开时沙漏未漏下的沙子还有好多呢。

“真是个能工巧匠啊，趁着在兴头上，接着开第三个吧。”

“如果是一样的保险柜，再开多少个也是一样的。”

“三个保险柜都要在规定时间内打开，否则就拿不到酬金了。实话告诉你吧，酬金就在第三个保险柜里面。怎么样，准备好了吗？”

“开始吧。”福尔摩斯将沙漏倒过来，梅姑就接着开第三个保险柜。

然而，这次沙漏中的沙子都流到了下面，保险柜还未能打开。

“梅姑小姐，怎么搞的？10分钟已经过了呀。”

“怪了，怎么会打不开呢？可……”梅姑瞥了一眼沙漏。

梅姑有些焦急，额头沁出了汗珠，可依然聚精会神地开锁。大约又过了1分钟，她终于把保险柜打开了。柜中放着一个装有酬金的信封。

“这就怪了，与前两次都是一样的手法，这次怎么会慢了呢？”她歪着头，感到纳闷儿。忽然，她注意到了什么。“我差一点儿就被你蒙骗了，我就是在规定时间内打开的保险柜，酬金归我了！”

“哈哈哈，还是被你看出来了，真不愧是怪盗哇，还真骗不了你。”福尔摩斯将酬金交给了梅姑。

你能猜出福尔摩斯做了什么吗？

097. 巧妙分汤

有8个朋友在一间宿舍，每天晚上，他们都会做一桶汤，8个人都自觉地来分这桶汤。最开始，他们每天轮流派一个人分汤，慢慢地，大家发现那个分汤的人总会有些偏心，给自己或者关系比较好的朋友多分一些。所以他们决定改变这种方式，另外派一个人监督。刚开始的时候，效果挺好，但过一段时间后，他们发现监督的人出现受贿问题，分汤的人给监督者多分一些汤，监督者就不会再管汤分得是否公平。于是他们又决定轮流监督，但是问题依然存在。后来他们决定成立一个三人的监督小组，汤分得公平了，可是每天为分汤的问题忙得不可开交，等到吃饭的时候汤早就凉了。

因为分汤的问题，8个朋友争吵了好几次。后来他们把这件事告诉了福尔摩斯，请他帮忙出个主意。福尔摩斯沉思了一会儿，告诉他们一个很简单的方法，就让他们把汤分得平均起来。你能想到是什么样的办法吗？

【侦查笔记】

主诉	福尔摩斯	证据及线索	①分汤不均匀 ②如何公平
时间			
地点	宿舍	关键点	

事件	分汤	嫌疑人	
人物及关系		侦查方向	

098. 错误百出的案例

福尔摩斯的助手华生以“贩毒者”为题写了一份案例。内容是：某日中午，太阳当空照，在湖上留下长长的树影。坤加和沙塔把一艘预先准备好的小船推进了湖里，他们顺着水流漂向湖心。这个湖下有地下涌泉补充水源，不会干涸。

他们在湖心钓鱼，不时钓到一些鱼，清理干净然后装进袋里。夜幕降临，四周一片漆黑，两人把小船快速划到对岸，与接应人碰头，然后一起把小船拖上岸，拿出船底装着的一个不漏水的罐子。他们把小包毒品放在里面。他们干得相当顺利，午夜刚过10分钟，便开始往回划，在离开藏船的地方千米外靠岸。两人将毒品取出平分了。5分钟后，一支海关巡逻队在午夜时分发现了这艘船，丝毫没有引起怀疑。但当他们回到镇上时，撞上了巡逻的警察，他们被缉拿归案了。福尔摩斯看完后，哈哈大笑说：“这里面错误百出，你还得多学习学习。”这份案例里有多少处错误？

【侦查笔记】

主诉	福尔摩斯	证据及线索	①湖心钓鱼 ②平分毒品
时间	某日中午		
地点	湖1	关键点	
事件		嫌疑人	
人物及关系		侦查方向	

099. 族长的规矩

一次福尔摩斯出去旅游，来到一个村庄。当时村民们正在庆祝丰收，再过一会儿，庆祝活动就要进入高潮，那就是激动人心的长跑比赛。但是福尔摩斯却发现人们的脸色都阴沉沉的，似乎不太高兴。

于是他找到了负责这次比赛的唯一一名裁判，询问原因。裁判说道："这个村子每年都举行一次长跑比赛，冠军可获得两千英镑的奖金。族长让他的儿子杰克自参加比赛以后，每年都拿冠军，两千英镑的奖金也都是落到了他的手中。族长给长跑定了规矩：运动员每隔五分钟起跑一个人，穿过那边的森林，在那转个圈，然后再跑出森林，回到原先的起跑线上。而杰克总是第一个跑。我肯定杰克只是跑进森林后就躲在里面，等到时间差不多了再跑出来而已。"

"你知道，这场比赛就我一个裁判，我是从另一个村子被喊过来的。我不怕这里的族长，我想揭穿杰克的把戏，但没人帮我的忙。这儿的村民敢怒不敢言。族长命令不许任何人跟在运动员后面。而且，如果有村民不参加长跑比赛，族长就威胁说要增加劳动量。"听完裁判一席话，福尔摩斯说道："你没必要请谁来帮忙，你只需要一些小牌子就足够了。"

你知道这些小牌子的作用吗？

【侦查笔记】

主诉	福尔摩斯	证据及线索	①长跑比赛 ②裁判
时间			
地点	村庄	关键点	
事件	比赛	嫌疑人	
人物及关系		侦查方向	

100. 鱼缸的证言

昨晚下了一场大雪，今早气温降到了零下5摄氏度，室内温度也很低。福尔摩斯询问某案的嫌疑人，当问到她有无昨夜11点左右不在作案现场的证明时，这个独身女人回答："昨晚9点钟左右，我那台旧电视机出了毛病，造成短路停了电。因为我缺乏电的知识，无法自己修理，就吃了片安眠药睡了。今天早晨，就是刚才不到30分钟之前，我给电工打了电话，他告诉我只要把大门口的电闸合上去就会有电了。”

可是，当福尔摩斯扫视完整个房间，目光落在室内养热带鱼的玻璃鱼缸上时，便识破了她的谎言。福尔摩斯发现了什么？

【侦查笔记】

主诉	福尔摩斯	证据及线索	①9点钟旧电视出了毛病 ②今天早晨给电工打电话
时间	昨晚		
地点		关键点	玻璃鱼缸
事件	某案	嫌疑人	
人物及关系		侦查方向	

101. 邮票失窃

有次举办世界邮票大奖赛，尽管有科学的保卫措施，但获得二等奖的一张价值很高的邮票还是被人乘乱窃走了。作案人就是世界大盗史莱福。他手法高超，行动诡秘，盗得邮票后，立即返回居住的一家廉价旅店。他自以为此次行动神不知鬼不觉，哪想到所有的行动全被监视了。

很快，警察们冒着盛夏的酷暑，包围了旅店，闯进史莱福的房间。旅店的条件很差，连窗都没有的房间里除了一台开着的电扇外，只有简单的一床、一柜、一桌、一椅。史莱福斜靠在床上，若无其事地打量着警察。据警察所知，史莱福一路上并未同谁联系，也未停顿。回来后一直无人找他，他也从未离开过房间。显然，邮票肯定在房间里，然而，警察搜遍了史莱福全身和房子的每一个角落后，仍然一无所获。没办法，警长请来了著名的神探福尔摩斯。福尔摩斯仔细了解了整个案情，然后走进史莱福房间，向四周审视了一会儿，忽然指着一处说：“邮票就在这儿！”警察们走上前一搜，果然找到了史莱福偷窃的邮票。

邮票放在哪儿呢？

【侦查笔记】

主诉	福尔摩斯	证据及线索	①一张价值很高的邮票 ②案件旅店，未出去过
时间			
地点		关键点	
事件		嫌疑人	
人物及关系		侦查方向	

102. 逼真的赝品

市艺术博物馆失窃了一幅雷诺的原作。馆长向前来调查的侦探福尔摩斯介绍说：“这个窃贼相当精明，他将一幅逼真的临摹品挂在墙上。直到昨天，一位艺术教授来博物馆参观时，才看出墙上的那幅画是赝品。”当福尔摩斯了解到有一批艺术学院的学生喜爱临摹雷诺的画时，向馆长要了艺术学院来临摹的学生名单。他们一共是五个人，馆长通知这五个学生带着临摹作品到博物馆来。

五个学生中有四人带来了临摹作品，只有一个名叫玛丽的女学生没带作品来，她解释说：“我把它卖了，我知道博物馆的临摹品是不该卖的，但我需要钱来交学费。”“你将画卖给谁了？”“卖给一个30多岁的男子。是他提出买画的，以后我再也没看见他。”“这个人有什么特征？”玛丽竭力回忆着：“他好像左手缺了根小指。”福尔摩斯又领着玛丽来到挂画的地方，那里挂着的果然是玛丽的那幅临摹品。玛丽的神情非常沮丧，按照自己的记忆，将那买画人的头像画出来交给福尔摩斯。

福尔摩斯回到警署，寻找嫌疑人档案，没有发现玛丽所说的那个人。他就把注意力又集中到博物馆中。博物馆中有五个清洁工人正在打扫，福尔摩斯像是发现了什么，问馆长：“你们有没有男清洁工？”“我们馆里共有六名清洁工，每天都有一人轮休，今天轮休的是一名新来的工人。但都是女性，没有雇用过男清洁工。”福尔摩斯说：“窃贼成功地换走了雷诺的名画，他可能还会如法炮制的，我们必须加强戒备。”

第二天，到博物馆下班的时候，福尔摩斯又来到艺术博物馆。他发现昨天轮休的女清洁工今天来了。她中等身材，30多岁，戴着工作手套，拿着一只垃圾箱，从一个房间打扫到另一个房间，干得很卖劲儿。由于光线比较暗，那名女工没有看见福尔摩斯。她走到毕加索的一幅小画前，利索地把那幅画从墙上取下，然后从垃圾箱里拿出一幅逼真的临摹作品，把它挂在原画的所在处，再把毕加索的画放进垃圾箱里，整个事情发生在几秒钟内。福尔摩斯走上前去，拦住她："你很聪明，但也有疏忽。你忘了一件事，所以我跟踪你，并当场目睹你第二次偷画。"那"女工"却用男人的声音问道："什么事？""你的左手——你应该明白我们会了解到那个盗窃者左手缺根小拇指。""但我戴着手套，"那盗贼说，"我不明白怎么……"福尔摩斯打断那人的话，说："那就是你的疏忽了，好了，跟我去警察局吧！"

窃贼哪里疏忽了呢？

【侦查笔记】

主诉	福尔摩斯	证据及线索	①六名清洁工，有一个新人 ②工作手套
时间			
地点	市艺术博物馆	关键点	
事件		嫌疑人	五个学生
人物及关系		侦查方向	

103. 集邮家之死

一大晚上，集邮家汤姆正在卧室里为一位朋友的集邮品估价。朋友便去客厅参加化装舞会，用人走进来想提醒集邮家该上床休息了，却发现他伏在桌子上，颅骨受到致命打击而死亡，于是用人立即打电话请来了名探福尔摩斯。福尔摩斯看过尸体，判断死亡时间约在20分钟以前。用人说："我进门时，好像听见关门声，似乎是从后楼梯口传来的。"

福尔摩斯仔细察看了桌子上的5件物品：一把镊子、一本集邮册、一册集邮编目、一瓶挥发油和一支用于检查邮票水印的滴管。

福尔摩斯走出房间来到楼梯边，俯视下面的客厅，那里正为汤姆的孙女举行化装舞会。

福尔摩斯居高临下，逐一审视那些奇装异服的狂欢者，目光最后落在一个扮作考古学家的年轻人身上。他斜戴着一顶旧式猎帽，叼着个大烟斗，将一个大号放大镜放在眼前，装模作样地审视着手中的一件“文物”。“你快去报警，”福尔摩斯吩咐用人，“我要拘捕这位‘考古学家’！”

你知道福尔摩斯根据什么做出了这样的判断吗？

【侦查笔记】

主诉	福尔摩斯	证据及线索	①关门声 ②文物
时间	一天晚上		
地点	化装舞会	关键点	
事件	集邮家死亡	嫌疑人	考古学家
人物及关系		侦查方向	

104. 请假

福尔摩斯的一个朋友乔治平时工作非常忙。但下个星期他还有一些工作外的活动必须参加：（1）陪儿子参观博物馆；（2）去税务局缴税；（3）去医院陪妈妈体检；（4）去见一个老朋友。

乔治知道的信息有：老朋友下个星期三外出办事，其他时间都在；税务局每个星期六都休息；博物馆只有在星期一、星期三、星期五开放；体检医生每个星期二、星期五、星期六值班。

乔治只能请一天假，他必须在一天之内完成所有的事。乔治说完，福尔摩斯便知道乔治应该在星期几请假了。你知道乔治应该在星期几请假吗？

105. 智识假现场

某犯罪集团的骨干分子乔治，突然在一个下雨天触电身亡了。是自杀？是他杀？福尔摩斯奉命调查此案。

这天，晨曦初露，福尔摩斯带着助手来到了死亡现场。这里是一个废弃的仓库，蛛网虬结，飞虫鸣唱。死者就倒在这座破仓库前的泥地上，面部无明显特征，穿一身极普通的工作服，沾满泥浆，脚上是一双新皮鞋，鞋底的花纹清晰可辨。他仰面朝天，手心朝上，手指背搭在一根因失修而垂下的断电线上，头部有一处伤痕，旁边的石头上还有血迹。

助手知道，福尔摩斯在观察分析后便要考察自己是如何判断案情的，因此观察研究死者现场就特别仔细认真。他看到，福尔摩斯在察看了死者那只搭在电线断头上的手之后，便开始专心研究起死者的服饰打扮来。福尔摩斯看来对死者脚上的那双皮鞋尤其感兴趣，他嚅动着嘴唇，在细加玩味似的。助手也探身过去观察了一会儿，心想，不就是一双新皮鞋吗，这上面有什么文章可做的？死因是一目了然的。

“他的死因是什么？”福尔摩斯问。“这不是明摆着的吗，从现场情况看，死者是因道路泥泞打滑，摔倒后，头部撞在石头上，手指触电身亡的。”助手说完后，福尔摩斯没有吱声，静静地思考着。过了一会儿，才说：“你忽略了两个极其重要的疑点。”

你知道是哪两点吗？死者的真正死因又是什么呢？

【侦查笔记】

主诉	福尔摩斯	证据及线索	①死者脚上的新皮鞋 ②死者的手指搭在电线的断头上
时间			
地点	下雨天	关键点	
事件		嫌疑人	
人物及关系		侦查方向	

106. 损失是多少

亚桑是一家手表商店的老板。这天，他的朋友福尔摩斯来手表店探望他。刚进门，福尔摩斯就看到他满脸不愉快的表情。

“怎么啦，老朋友？”福尔摩斯一边递给他一杯咖啡一边问道。亚桑接过咖啡喝了一口，叹着气说：“别提了，刚刚上了个大当，而且我还没弄明白损失有多大呢。”

“你是开玩笑吧？把事情说来听听，或许我可以帮你想一想。”福尔摩斯说道。

亚桑说：“昨天下午，一个穿着华丽的女士来到我的店里，她举止很优雅，在试戴了几款手表以后，挑中了一款镶着蓝钻的手表。”“不会被她调包了吧？”福尔摩斯忍不住问道。“当然不会，这种事怎么可能瞒过我。”亚桑继续说道：“她看中的手表标价1000英镑，经过讨价还价，我们以800英镑成交。接着，她递给我一张银行的支票，上面有令人信服的签章，票面金额是1000英镑。当时店里没有那么多零钱了，我便拿着支票到隔壁的家具店，向家具店老板查理换了1000英镑。再找给顾客200英镑后，这位女士戴着手表便走了。谁知道，过了一会儿查理来找我，原来他去银行兑付支票，却被银行告知支票是假的！没办法，我只好收回支票，赔偿了查理1000英镑。我算了一下，我的损失是：价值800英镑的手表，赔偿家具店老板的1000英镑，还有我找给那个顾客的200英镑，这样算下来我的损失高达2000英镑。”

“你算错了，实际损失没有这么严重。”福尔摩斯说。

那么，你知道实际损失到底是多少吗？

【侦查笔记】

主诉	福尔摩斯	证据及线索	损失并没有那么多
时间	某天		
地点	手表商店	关键点	
事件		嫌疑人	
人物及关系		侦查方向	

107. 河畔谋杀案

有人在大峡谷河上游发现了古代遗迹。于是，文物工作者波特、亚瑟和斯特劳三人组队前往考察。一天夜里，波特一人外出调查后便没再回旅馆，大家都很为他担心。第二天上午，波特的尸体在悬崖下的河边被人发现了，看上去像是死于坠崖，纯属意外事故。

经法医鉴定，波特死于昨晚十点左右。勘查现场时，发现死者右手边的沙地上写着一个“Y”。“这是临终留信。是死者被杀前将凶手姓名留下作为线索吧？”福尔摩斯说道。“那个叫亚瑟的很可疑。因为他名字的开头是‘Y’。”警官说道。

亚瑟辩解说：“别……别开玩笑了，我一直待在旅馆里，怎么会杀波特呢？”“等等，被害者是颈骨折断后立即死亡的。亚瑟，昨晚十点你在哪儿？”“我一个人在房间，没有办法提出证明。不过，如果我有嫌疑，斯特劳也有嫌疑。”斯特劳生气地说：“你在胡说什么？”“不对吗？昨天波特偶然发现了许多陶偶，你要求和他共同研究，结果遭到拒绝。”“我承认，但你也说过这话。还有那个叫拉维尔的老头也很可疑。”福尔摩斯追问：“哪个拉维尔？”“就是那个对乡土史很有研究的拉维尔。他一个人默默地调查遗迹，我们加入后他很生气，对我们提出的问题，他一概不回答。”

福尔摩斯双手环抱胸前，不知在想什么。突然，福尔摩斯有了新发现：“波特把手表戴在右手腕上，那么波特应该是个左撇子了？”“对！”“嗯，还有一个问题，斯特劳先生，你和波特认识多久了？”“组队考察时认识的。”“很好，凶手是谁已经很清楚了。”

那么，凶手是谁？福尔摩斯是如何判断的？

【侦查笔记】

主诉	福尔摩斯	证据及线索	①波特当场死亡 ②拉维尔不认识三个考古家
时间	夜里		
地点	大峡谷河上游	关键点	“Y”这个字母
事件		嫌疑人	
人物及关系		侦查方向	

108. 识破诡计

债主致电摩尔先生，要求他9月底以前还清债务，摩尔先生请债主第二天下午到他家里取回欠款。翌日下午，当债主和福尔摩斯一同到达摩尔先生家时，发现摩尔先生被绑在床上。福尔摩斯连忙上前替他松绑，在松绑期间，摩尔先生不断地表示他昨晚遭到入室抢劫。劫匪将他捆绑在床上，把他的财物洗劫一空，就连预备还款的钱也被抢去，所以欠款恐怕要迟一些才能偿还了。福尔摩斯迅速地为摩尔先生松绑后，却对摩尔先生说："请你不要说谎了，你根本没有遭到抢劫，快还钱吧。"

你知道这是为什么吗?

【侦查笔记】

<table>
<tr><td>主诉</td><td>福尔摩斯</td><td rowspan="2">证据及线索</td><td rowspan="2">①捆绑简单
②谎言有漏洞</td></tr>
<tr><td>时间</td><td>9月底</td></tr>
<tr><td>地点</td><td>摩尔家</td><td>关键点</td><td>债主讨债时间</td></tr>
<tr><td>事件</td><td></td><td>嫌疑人</td><td></td></tr>
<tr><td>人物及关系</td><td></td><td>侦查方向</td><td></td></tr>
</table>

109. 谁的伪钞

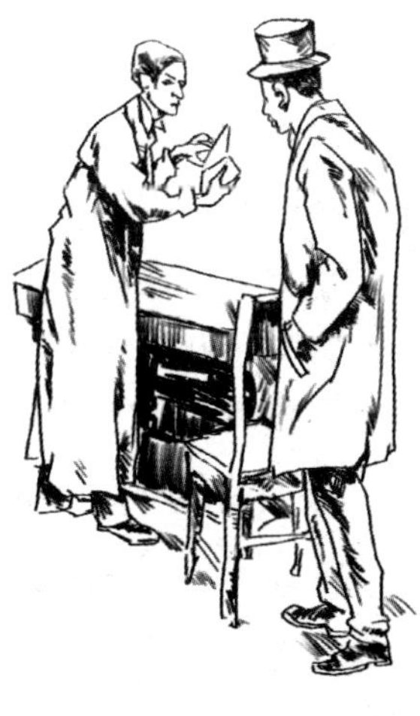

凌晨1时45分，旅馆夜班服务员杰姆在核对抽屉里的现金时发现一张面额为50英镑的钞票是伪钞……半小时后，福尔摩斯赶到了这家旅馆。

"你是否记得是谁把这张50英镑的钞票给你的？哪怕一点儿印象也好。"福尔摩斯问。"我没留心。"杰姆似乎在回忆什么，随即用不容置疑的语气说，"我值班时，只有三位旅客付过钱，他们都没有离开旅馆。"福尔摩斯眼睛一亮，竖起双耳："不开玩笑？""绝不会错！我今晚收到381英镑现金，其中14英镑是卖晚报、明信片等物品收入的，其余的现金都收自3位旅客。考纳先生给我一张50英镑和24英镑的零票；鲍克斯先生给我两张50英镑加19英镑零票；斯特劳斯先生给我3张50英镑以及24英镑零票。”

福尔摩斯的手指在桌面上轻轻弹着，若有所思。“你能肯定他们都给你付过50英镑面值的钞票？”他问。杰姆肯定地答道：“请放心，凡涉及钱，我的记忆特别好。”“那好吧，我想我已找到了我要找的人。”福尔摩斯说。

你知道是谁使用的伪钞吗？

【侦查笔记】

主诉	福尔摩斯	证据及线索	①伪钞 ②381英镑的现金
时间	凌晨1时45分		
地点	旅馆	关键点	50英镑
事件		嫌疑人	
人物及关系		侦查方向	

110. 狡猾的盗窃者

4个世纪之前，英国有个名叫阿奇·阿姆斯特朗的惯盗，他在一次盗窃王室珍宝的行动中被抓，法庭以盗窃王室珍宝的罪行将他判处极刑。

当时英国国工是詹姆斯 世，他在位期间因钦定《圣经》而闻名，同时还善于倾听臣民的意见。阿姆斯特朗抓住了这个机会对狱卒说：“听说国王钦定的英译《圣经》已经完成了，我到现在还没有见过《圣经》，作为对世界最后的留恋，我想把《圣经》读完后再死。请求您替我向尊敬的国王说说看。”狱卒把这件事报告了上级以后，传到国王耳朵里。

“满足他的愿望吧！在他读完《圣经》之前，暂停执行死刑。”经国王的许可，崭新的《圣经》送到了阿姆斯特朗手上。福尔摩斯听说这故事后便知道国王上当了，实际上阿姆斯特朗借此取消了自己的死刑判决。

福尔摩斯为什么这样判断呢？

【侦查笔记】

主诉	福尔摩斯	证据及线索	①《圣经》 ②詹姆斯一世
时间	4个世纪前		
地点		关键点	《圣经》
事件		嫌疑人	
人物及关系		侦查方向	

111. 破密函

英国某情报机构逮捕了一名间谍，从他身上搜到了一份密函。密函全文如下："B老师：就援助贵校球队外出比赛一事，明天5时请与领队到我家详谈。"福尔摩斯很快就破解了间谍携带的这份密函的内容。

你可知它的真正内容是什么吗？

【侦查笔记】

主诉	福尔摩斯	证据及线索	
时间	5时		
地点	情报机构	关键点	密函
事件		嫌疑人	
人物及关系		侦查方向	

112. 福尔摩斯的推理

一天，汉克农场的记账员在出纳室被杀害了，他右手握着一支笔，倒在大门前的地上，大门上有MN两个字母，是记账员临死前用手中的笔写的。出纳室的地上散落着很多文具用品，仓库里边的钱也被抢光了，凶手大概是在记账员工作的时候进来的，当记账员向门口逃去时，被凶手追上而杀死的。

门上的字一定是记账员死亡前写下了凶手姓名的缩写字母。这字母透露出是莫利斯·纽曼干的，他的姓名缩写是MN。纽曼太太见丈夫被抓，觉得很冤枉，因为凶案发生时，他们夫妻俩都在农场工作。她找到福尔摩斯寻求帮助。福尔摩斯思考一番后，从农场的工人里找出一个名叫尼吉·瓦得逊的人。这个人平时爱赌博、爱喝酒，品行很不好。福尔摩斯对他说："是你杀死记账员的！""胡说，你有什么证据？"福尔摩斯说："记账员在门板上写了MN两个字母。""MN是莫利斯·纽曼的姓名缩写，我的名字缩写是NW！"福尔摩斯笑着说："没错，就是你！"接着做了一番推理，让尼吉·瓦得逊无言以对，终于承认了自己是凶手。

你知道福尔摩斯是怎么推理的吗？

【侦查笔记】

主诉	福尔摩斯	证据及线索	①门上的MN两个字母 ②出纳室散落一地的东西
时间			
地点	汉克农场	关键点	
事件	记账员被杀害	嫌疑人	
人物及关系		侦查方向	

113. 秘密通道

一天，福尔摩斯送一幅画到一位绅士家里，这个绅士一直过着独居的生活。上个月，福尔摩斯曾经把画家米勒的《播种者》的复制品给他送去。

福尔摩斯来到绅士家里，见大门开着，就径直走了进去。他听见从卧室里传来一阵阵痛苦的呻吟声，便冲了进去。只见一位警察被击倒在地，而那个绅士不知到哪里去了。"秘密的……从洞里……逃走……"地上的警察费力地用手指了指床底下。福尔摩斯开始检查床下，发现那里有个暗道的盖板，估计那绅士是从这里逃走的。"盖板的开关……米拉……"警察说着就咽气了。福尔摩斯钻到床下，想把盖板揭开，可是盖板却纹丝不动。

警察不是说起"米拉"吗？难道指的是米勒的那幅画，这正是上个月他送来的

《播种者》的复制品，是不是与盖板有关呢？福尔摩斯就把这画取了下来，看了看画框和画后面的墙壁，都不见有什么开关。为了寻找盖板的开关，福尔摩斯仔细地搜遍了房间里的每一个角落。当他在一架钢琴的四周搜寻的时候，突然灵光一现。果然，奇迹出现了，床下的盖板打开了。原来盖板下面是一个洞，绅士把警察打伤后从这洞里通过下水道逃走了。福尔摩斯果断报警并告知警察通过这个秘密通道，将凶手抓获。

你知道秘密通道是怎么被找到的吗？

【侦查笔记】

主诉	福尔摩斯	证据及线索	①大门开着 ②警察咽气了
时间			
地点	绅士家里	关键点	
事件		嫌疑人	
人物及关系		侦查方向	

114. 艺术品

某展览馆正在展示一些珍贵的艺术品，都是一些价值连城的油画。展览的第二天，一幅名画不见了，只剩下了装饰的画框。

展览馆举办方只好联系福尔摩斯。福尔摩斯在现场勘查时发现，被盗名画的画框旁总是有几只苍蝇在飞舞。福尔摩斯开始询问最后离开的几个员工。当问到一个名叫杰西的员工时，她说："我是最后一个离开展览馆的。我之前在喝果汁时不小心把杯子碰到了，果汁撒了出来，我只能用手帕擦拭，放在一边晾干后，才离开。"

福尔摩斯听到这，马上通知展览馆举办方，盗贼找到了，就是杰西。

福尔摩斯是如何识破杰西就是盗贼的？

【侦查笔记】

主诉	福尔摩斯	证据及线索	①价值连城的油画 ②几只苍蝇在飞舞
时间			
地点	某展览馆	关键点	果汁
事件		嫌疑人	
人物及关系		侦查方向	

115. 两名嫌疑人

福尔摩斯和他的老朋友吉姆，推开了Q国大使秘书露丝的房间，屋内一片漆黑，打开电灯，发现露丝倒在客厅，死了。她身上穿着牛仔裤和短袖的毛衣。奇怪的是，她的毛衣却往上拉到胸口，露出了肚脐，毛衣里面只穿了运动内衣，脖子上戴着一串十字架项链，而且将十字架含在嘴里。

“凶手可能是从对面的旅馆开枪的。”吉姆指着客厅里敞开的窗户说道。正对面有一幢高层楼房的旅馆，大约相距一百米。“为什么她口里含着十字架，又将毛衣拉到胸部？”福尔摩斯疑惑地说。“可能是她正要脱毛衣的时候被枪射中的。”“咦？这里有弹痕。”阳台窗户的墙上，有一个弹痕。“吉姆，你和她差不多高吧？请你站在她倒下的地方好吗？”福尔摩斯在吉姆周围仔细察看，又不时望向窗外，“如果是这样的角度，应该是从对面的九楼射来的子弹。”“你到对面的旅馆看看，我在这里检查，这里有两张嫌疑人的照片给你。”吉姆从包里拿出了照片。

来到这家旅馆，福尔摩斯拿出照片给公寓的前台人员看：“照片上的两个人是不是住在九楼？”“一个住在909房间，另一个住在509房间。”前台人员说。在侍者的指引下，福尔摩斯走进909房间，打开窗，正对面稍稍向下的角度可以清楚地看见露丝的客厅。他又乘电梯到了509房间。他用望远镜从窗户看出去，露丝的客厅同样一览无遗。福尔摩斯打电话给吉姆，他把自己看到的情况告诉了吉姆。

“这样看来凶手应该是九楼的人了，就像我们方才测得的，子弹是从上往下射来的。”吉姆说。“可是九楼没有任何射击的痕迹啊，让我想想……等一下，我知道凶手是谁了，我过来详细告诉你。”福尔摩斯挂上了电话。

你知道凶手是谁吗？

【侦查笔记】

主诉	福尔摩斯	证据及线索	①旅馆 ②弹痕
时间			
地点	Q国大使的房间	关键点	909房间
事件		嫌疑人	
人物及关系		侦查方向	

116. 四根稻草

福尔摩斯同助手外出旅行，这天晚上住进了一个客店。第二天早晨，他们吃过早餐回到房间，助手发现枕头下的手表不见了。他们急忙通知老板。老板查出在此期间有四个新雇来的侍者先后进入过房间。老板查问时，他们都不承认拿了手表。

福尔摩斯对他们说："我知道是谁拿了手表，主动承认吧，我会原谅他的！"这四个人都不作声。福尔摩斯叫他们背过去，给他们一人一根稻草。福尔摩斯说："四根稻草只有一根比其他的长2厘米，我给了拿手表的人。请你们举起草棒。"四个人慢慢举起稻草。福尔摩斯走到一位侍者身后说："是你拿了手表！"

这个侍者只得承认了。福尔摩斯是凭什么判断的呢？

【侦查笔记】

主诉	福尔摩斯	证据及线索	①手表不见了 ②四根稻草
时间	晚上		
地点	客店	关键点	
事件		嫌疑人	四个人
人物及关系		侦查方向	

117. 谁偷了玉项链

某玉器厂，中午时分，店内人头涌动，川流不息，都在挑选玉器，而玉器商也忙着销售。

这时，一名打扮时髦的女子走入店内观察片刻，乘人不觉，突然在橱窗内偷了一条价值5000多英镑的玉项链，立即夺门而逃。

客人及店员见状，立即随后追赶。这时，一名正在附近巡逻的警察和在这购买物品的福尔摩斯闻声赶到，加入追捕行列，终于把该女子逮捕，但搜查其全身却找不到赃物。准备放走她的时候，保安带来了三名女性嫌疑人，她们身上都有一条玉项链。福尔摩斯经过调查、分析得到了线索，终于确定了被盗的玉项链在谁的手上。

你知不知道玉项链藏在谁的手上呢?

请仔细思考，利用下列线索，尝试侦破这宗偷窃案。

（1）浓妆艳抹的风尘女子，手袋内发现一条用纸包着的玉项链。

（2）一名头戴丝巾，身穿破衣，精神似有问题的女子，颈挂玉项链。

（3）一个盲眼的女子，她身旁的小孩正在玩着一条玉项链，坐在横巷内行乞。

【侦查笔记】

主诉	福尔摩斯	证据及线索	①5000多英磅的玉项链 ②时髦的女子
时间	中午		
地点	某玉器厂	关键点	
事件		嫌疑人	三名女性
人物及关系		侦查方向	

118. 小提琴手之死

音乐会开幕的当晚，著名指挥家伯克对他的两个得意门生科里和汤逊谁将首次登台独奏小提琴仍然犹豫不决。直至开幕前15分钟，他才告诉科里准备出场演奏，然后将这个决定告诉汤逊，汤逊感到很遗憾。

10分钟之后，伯克去叫科里准备出场，发现他倒毙在小小的化妆间内，头部中弹，血流满地。伯克慌忙敲开舞台侧门，将这一惨案告诉他的老朋友一名探福尔摩斯。福尔摩斯见开场时间已到，就极力劝伯克先别声张，继续演出。然后他走进汤逊的化妆室，告诉汤逊准备演出。汤逊听到最后决定让他登台时，没有询问理由，便拉拉领带，拿起琴和弓，随伯克登台了。

当听众如痴如醉地沉浸在美妙的乐曲中时，福尔摩斯却拿起电话通知警察前来逮捕这位初露头角的青年小提琴手。福尔摩斯是根据什么判断汤逊是嫌疑人的？

【侦查笔记】

主诉	福尔摩斯	证据及线索	
时间			
地点	音乐会	关键点	
事件	科里死亡	嫌疑人	汤逊
人物及关系		侦查方向	

119. 第一现场

冬天的一个夜晚，有位出急诊的内科医生被狂奔的四轮马车撞死。带着七分酒意的马夫，害怕被邻近的警察发现，于是把医生的尸体和药箱搬到了马车上，然后快马加鞭地赶回家，把尸体藏在小屋里，将药箱随手放在了火炉边上。第二天凌晨，马夫把尸体和药箱用马车装载，丢到郊外的池塘里，并精心制造失足落水导致死亡的假象。

尸体被发现后，福尔摩斯到现场勘查，他检视完浮肿、变形的尸体后又开始检查药箱，发现药箱中一支体温计显示的数值已达到42℃后，直截了当地断定说：“这里不是第一现场，这具尸体被移动过，也就是说这起案件是他杀，不是意外事故。”

福尔摩斯是怎样得出这个结论的？

【侦查笔记】

主诉	福尔摩斯	证据及线索	①体温计42℃ ②尸体藏在小屋里
时间	夜晚		
地点		关键点	
事件		嫌疑人	马夫
人物及关系		侦查方向	

120. 意外还是谋杀

福尔摩斯在一座直上直下的山崖上俯瞰山下，那座大山上有一条盘山公路，山腰处有一个村镇。福尔摩斯不经意间看到了惊险的一幕：一辆敞篷跑车从山腰的村镇中冲了出来，直直地冲向了悬崖。要不是撞到了路边的围栏，连人带车一定会摔个粉碎。只见车子猛烈地撞在公路另一边的围栏上，发出"轰"的一声巨响，坚固的围栏立即被撞出一个缺口，碎片纷纷散落下山崖，车子才停了下来。一个人从车里面像是纸扎的一样呈抛物线被弹射了出来，重重地跌落在山崖下的路上。

一切发生得太快了！福尔摩斯直看得目瞪口呆，但他意识到有严重的事故发生了，便立刻叫助手去报警。之后，他迅速跑向那动也不动的受害者，看能否给予帮助。

但经过详细的检查后，他发现那受害者浑身是血，已经死掉了。于是，他在警方赶到前，大致地检查了那辆撞得不像样的车子。驾驶座上以及方向盘上都血迹斑斑，驾驶座下有几块石头散落着，副驾驶放着几只空的酒瓶，后座则零散地放着一些杂志。

警长带着手下赶到现场。福尔摩斯和警长是老朋友了，他们曾一起合作过很多次。警方立刻展开了调查工作，发现死者A是一家公司的四位创办人之一，而这家公司就位于山腰的那个村镇里。

虽然A的死看起来像是意外，但福尔摩斯和警长都不这么认为，经过明察暗访，他们很快就锁定了三个嫌疑人，都是公司的创办人，并且查到了一个三人共有的动机，那就是一家敌对公司曾极力收购此公司，但由于A是四位创办人中唯一极力反对此收购的人，因此涉及五亿美元的交易一直没能完成。福尔摩斯和警长决定不动声色地对三个嫌疑人B、C、D分别录取口供。

“A当时的心情非常差，发着脾气，”会计师B说道，“整个早上他都在喝酒，他拿起车的钥匙就走出了门口。我在后面对着他喊叫他不要酒后开车，我没听到他的回答，我以为他会听我的劝告。但是几分钟后，我却听到车子引擎的响声。我如果当时不是赶着做一份表单，一定会追他回来的。我完全不知道他会弄到连自己的命都给丢掉了。”

C的供词证实了B的描述。“当时我在车库里，也就是我现在的办公室。我听到前门被重重地关上。当我从车库里的窗口望出去时，见到A正向他的车摇摇晃晃地走去。我没在意，便继续工作着，直到我听到车子引擎的响声。我望出去，看见A正开着他的跑车离去。我当时有点儿担心，但也没想太多，直到警方带来了噩耗后，我才后悔当时我就应该阻止他离去。”

D是C的妻子。“我当时在楼上的办公室听着电话。我不记得前门曾被大力地关上，但我的确听到一些声音，A好像跟谁在争吵着，我不知道他们是在里面还是在外面吵。我想我记得像是听到车轮摩擦地的响声，但是我不太肯定。”

听完了所有的口供后，福尔摩斯和警长立刻集中精力调查其中一个创办人，很快，那人便认了所有的罪。那么，B、C、D谁才是凶手？

【侦查笔记】

主诉	福尔摩斯	证据及线索	①受害人浑身是血 ②车里的石头
时间			
地点	山崖上	关键点	
事件		嫌疑人	A、B、C、D
人物及关系		侦查方向	

121. 他杀还是自杀

在一栋小洋房里，发现了一具中年女性的尸体，已经死了几天了。在死者身旁发现了字迹潦草的遗书，看起来她是自杀的。

发现尸体的人是死者的邻居。据邻居介绍，这个死者没有子女，丈夫在几年前也去世了，只有家里的一条狗与她相依为命。那条狗被绳子拴在床脚旁，几天都没有吃东西，饿得嗷嗷叫。死者的邻居还告诉福尔摩斯："这名女士长年一人居住，她生前最爱这条狗，对它像自己的孩子一样。"福尔摩斯听了以后，深思一番，说："如果是这样的话，那她就不是自杀，遗书是伪造的。"请问，这是为什么呢？

【侦查笔记】

主诉	福尔摩斯	证据及线索	①女性尸体死了几天 ②拴在床边的狗
时间			
地点	一栋小洋房	关键点	
事件		嫌疑人	
人物及关系		侦查方向	

122. 甲板枪声

游船在风暴中东摇西晃，颠簸前行。风暴暂息时，一号甲板传来一声枪响。正在度假的福尔摩斯几个箭步就冲上了升降口扶梯，在扶梯尽头拐弯处发现了一名死者，死者头部有火药烧伤。

船长和福尔摩斯马上展开了调查，以弄清事发时船上每位乘客的所在位置。调查工作首先从离尸体被发现地点最近的乘客们开始。

第一个被询问的是汤姆，他说听到枪声时，他在舱室里正好要写完一封信。

"我可以过目吗？"船长问道。福尔摩斯从船长的肩上望去，看到信笺上写满了清晰工整的蝇头小字。很显然，信是写给一位女士的。

下一个舱室的乘客是韦恩小姐。她紧张不安，回答说，由于被大风暴吓坏了，问及事发时她在干什么时，韦恩小姐情绪激动地说她躲进了对面未婚夫迈克的舱室。

后者证实了她的陈述，并解释说，他俩之所以未冲上过道，是因为担心这么晚同时露面的话，也许会有损于他俩的名誉。

经过调查，其余乘客和船员的所在位置都无懈可击。请问，福尔摩斯怀疑的对象究竟是谁？为什么？

【侦查笔记】

主诉	福尔摩斯	证据及线索	①扶梯尽头有一名死者 ②甲板枪响
时间			
地点	游船	关键点	枪响
事件		嫌疑人	
人物及关系		侦查方向	

123. 谋杀丈夫的妻子

妻子与丈夫不合，于是妻子怀恨在心。

有一天，妻子买了一篮苹果，叫丈夫来吃。丈夫防着她，选了一个叫她先吃。妻子接过就咬了一口。吃完一口后妻子没事，丈夫就觉得很内疚，接过妻子咬过的苹果就吃，结果中毒死亡了。

福尔摩斯对毒苹果进行检测，发现果皮上毒素的分布呈五指状。根据这个线索，推理出了妻子谋杀丈夫的细节。你能推理出这个细节吗？

【侦查笔记】

主诉	妻子	证据及线索	①丈夫选的苹果，妻子咬了一口递给丈夫 ②妻子没事，丈夫死了
时间			
地点	家里	关键点	妻子在吃苹果的时候下的毒
事件	妻子毒害丈夫	嫌疑人	
人物及关系	夫妻二人同吃一个苹果，丈夫却被毒死	侦查方向	妻子手里有古怪

124. 离奇的下毒案

宴会的气氛相当热烈，就连杰姆和乔伊这两个冤家对头都没有表现出敌意。相反，乔伊主动坐到杰姆旁边，以此来表示他的友好。

这时乔伊站了起来：“今天难得大家捧场，不喝点儿酒怎么行呢？”于是他走到后边去拿了酒和一些杯子来。大家纷纷上去各自拿了一个杯子，然后乔伊把酒瓶给了杰姆：“你来倒酒吧，咱俩以前的恩怨就随这杯酒算了吧！”

杰姆有点儿意外地接过瓶子，给每个人倒了酒，却不经意地看了看乔伊的夫人。乔伊夫人的脸色瞬间变得惨白，扭开了头。其实在场的人都知道，当初杰姆和乔伊结仇就是因为杰姆和乔伊老婆有点儿……不过现在看到他们和好了，大家还是很高兴。杰姆倒完了酒，回来坐在乔伊的右边，乔伊夫人反倒坐在乔伊的左边了。

这时杰姆看看表，突然说：“不好，我忘了个重要的约会了，我陪大家喝两杯就走吧。这第一杯，就当是敬乔伊的吧！”说着站了起来，在场的各位也都站起来喝了一杯。乔伊见杰姆这样了，也端起杯子站了起来，说：“我也敬大家一杯。”说着端着杯子也挨个儿敬酒，就在这时，突然停电了！其实也就那么几秒钟的时间，然后灯又亮了。大家虚惊一场，都坐下继续喝酒吃东西。猛然间杰姆脸色一变，身体往后便倒！乔伊和他坐得最近，连忙上前扶住他，却见他的脸色顿时就变了：“死了！中毒的！”乔伊立刻转身端起杰姆的酒杯，闻了闻，说：“氰化物中毒。”

大家都知道乔伊是学医的，他说是中毒就是了，而且从死者的脸色很容易看出来。大家立刻乱起来，有的去打电话，有的保护现场，有的陪乔伊把酒杯用塑料袋装起来，等警察来查证。

福尔摩斯和警察很快就赶到了现场。警察仔细地检查了酒杯，确定是有毒。似乎很明显是当时坐在他旁边的乔伊夫妇最可疑了。但是乔伊一点儿也不慌。“你们认为是我杀了他对吗？但是这里的人都可以做证，酒是他自己倒的，杯子也是大家乱拿的，而且停电的时候杰姆站起来走出去了，杯子他是端在手里的，我一直都坐着，如何把毒下到杯子里不被他发现呢？”

福尔摩斯却摇摇头，说：“不可否认你确实很聪明，不过我知道你就是凶手！”

你能证明为什么乔伊是凶手吗？

【侦查笔记】

主诉	福尔摩斯	证据及线索	①突如其来的停电 ②中毒而死
时间			
地点	宴会	关键点	座位的变化

事件	下毒	嫌疑人	乔伊
人物及关系	乔伊用计毒死杰姆	侦查方向	注意吃东西这个细节

125. 不是自杀

“我妻子最近心情一直不好，”他这样说道，“我刚才出去打电话，才半小时，回来时就发现她已经……”说完，他便痛哭起来。

经过检查，乔治夫人全身肌肉松弛，是氰化物中毒的迹象。她的尸体瘫坐在椅子上，手里握着一个氰化物的药瓶……

福尔摩斯看了看现场就确定乔治先生涉嫌谋杀自己的妻子。你知道福尔摩斯是如何看出这不是一起自杀案的吗？

【侦查笔记】

主诉	乔治	证据及线索	①氰化物中毒 ②瘫坐在椅子上 ③药瓶
时间			
地点	乔治家	关键点	全身肌肉松弛
事件	乔治夫人服毒自杀	嫌疑人	乔治
人物及关系	福尔摩斯推断凶手	侦查方向	身体机能的推理

126. 生日酒会之谜

周一上午，宾馆服务员欲进某套房打扫卫生，她反复按门铃通知客人，可客人杰克一直没有应答。保安把门打开后，发现杰克已经死在床上。

法医初步认定杰克是在睡眠中因心力衰竭而死亡，死前杰克曾大量饮酒并服下安眠药。警长和福尔摩斯赶到现场，从服务员处了解到，杰克患有严重失眠症，每天睡前都要服用安眠药；从其同事处了解到，杰克无心脏病史，死前的那个晚上曾赴一位医生朋友的生日酒会。

警察到医生家调查，医生坦诚昨晚与杰克一起在饭店饮酒，但不是什么生日酒会，而是朋友小酌。杰克服用的安眠药也是他提供的。警察问不出什么线索正欲离去时，同行的福尔摩斯却发现医生的妻子听说杰克死讯时神情异常。于是福尔摩斯展开秘密的侦查，终于发现医生的妻子曾是杰克的恋人。再询问杰克公司同事，同事证明亲耳听到杰克与医生通电话时，是说去赴生日酒会。

这“生日”酒会有什么阴谋?

【侦查笔记】

主诉	警察	证据及线索	医生说谎
时间	晚上		
地点	酒店	关键点	死者当晚喝酒
事件	除掉情敌	嫌疑人	医生
人物及关系	医生用计杀害杰克	侦查方向	从医生职业推理此案

127. 毒酒命案

一天晚上，酒吧老板的弟弟来了。酒吧老板调了一杯加冰块的威士忌给弟弟，但弟弟不喝。他们是同父异母的兄弟，最近因为财产的继承问题闹得不可开交，弟弟怕哥哥在酒中下毒，所以根本不敢喝。

“我好意请你喝酒，你却怀疑我下毒？既然你怀疑，我先喝。”哥哥说完，随即喝了半杯，然后说：“这下可以放心了吧！”于是把酒杯推到弟弟面前。至此，弟弟也不便拒绝了，慢慢地喝着剩下的半杯酒。但是，他刚喝完，竟然倒地而死。

福尔摩斯赶到现场，在勘察完现场，问明具体情况后，很快就判断出是哥哥在酒中下毒，谋杀弟弟的。可是，现场的许多工作人员和客人却证明，哥哥确实喝了弟弟杯中的半杯酒却没有任何问题。

你知道福尔摩斯是怎样解释的吗?

【侦查笔记】

主诉	福尔摩斯	证据及线索	①酒是哥哥倒的 ②加冰块后，哥哥喝了半杯以示无毒
时间	晚上		
地点	酒吧	关键点	冰块
事件	争遗产谋杀	嫌疑人	哥哥
人物及关系	福尔摩斯识破哥哥杀害弟弟的手法	侦查方向	从冰块的形状和特点推理此案

128. 露馅儿的海顿

两名武装歹徒冲进一家银行，抢了钱后，立即乘一辆福特车逃跑了。一个银行职员记下了车牌号。一刻钟后，警长和福尔摩斯赶到了现场。正在他们谈论案情时，突然发现了要找的那辆福特车。它刚从警车旁驶过，一位警员叫了起来："快看，车子的牌号、颜色都对。"随即他们将车拦下。

车里是一位年轻男子，名叫海顿，福尔摩斯对他进行了询问。虽然怀疑他跟这起银行抢劫案可能有关系，可是他有不在现场的证据，只能将他放了。事后调查，歹徒从那家银行抢走75000英镑新钞票。第二天，又发生了一起银行抢劫案。案发没一会儿，海顿开车到达一处检查站没有缴费就径直往前开。警察拦下他说："你没有看见缴费牌吗？得罚10英镑！"

"下次一定注意。"海顿给了警察一张10英镑的纸币。两天后，警方逮捕了他，理由是他与银行抢劫案有关。"不可能，"海顿说，"我不在现场！"

福尔摩斯说道："但你是主谋。你找了两个朋友，弄了一辆完全相同的车。每次抢劫银行，你就将警方的注意力吸引到自己身上来，他们就趁机跑了。但是，这次你犯了个小小的错误，结果露出了马脚！"

你能猜出海顿在何处露出马脚的吗？

【侦查笔记】

主诉	福尔摩斯	证据及线索	①抢走75000英镑 ②被罚款10英镑
时间			
地点	检查站	关键点	新钞票
事件	银行抢劫案	嫌疑人	海顿
人物及关系	福尔摩斯发现海顿的罪行	侦查方向	想象新钞票的特点

129. 泄露天机的苹果

晚上8时，某研究所所长亚当斯博士给福尔摩斯打电话称，他刚接到一个恐吓电话，要他把一份绝密文件交出来，否则性命难保。福尔摩斯和助手马上赶到了博士家里，见房间里灯亮着，门竟是开着的。

福尔摩斯和助手冲进屋里一看，只见亚当斯博士昏倒在沙发下面，旁边扔着一块散发着麻醉药味的手帕。助手赶紧过去，想把博士唤醒。在助手的呼唤之下，亚当斯博士慢慢地睁开了双眼，本能地摸了摸自己的衣服口袋，失声地叫了起来："完了，那份绝密文件被人抢走了！"福尔摩斯一听，忙问："是什么人？什么时候？"博士看了看手表，说："大概30分钟前，我一边看电视一边吃苹果，听到门铃响了，我以为是您来了。不料一开门，我被两个男人用枪顶了回来，开口就问我要这份密件，我佯装不知，他们立即用手帕堵住我的嘴和鼻子，以后我就什么也不知道了。"

果然，博士咬过一半的苹果正滚在电视机下面，电视机电源已经断了。福尔摩斯从电视机下面捡起了那个苹果，瞧了一眼，说："博士，你别演戏了，是你把绝密文件卖给他们了吧！"博士一听，脸色变得灰白。

一个咬过一半的苹果，是怎样让福尔摩斯识破谎言的呢？

【侦查笔记】

主诉	亚当斯博士	证据及线索	①30分钟前 ②正在吃苹果
时间	晚上		

地点	博士的家里	关键点	咬过一半的苹果
事件	被抢劫	嫌疑人	亚当斯
人物及关系	福尔摩斯识破博士的谎言	侦查方向	用生活常识推理此案

130. 奥肖内西的家产

沉浸在即将老年得子欢乐里的奥肖内西宣称，如果生下来的是儿子，他便把他家产的三分之二给他的儿子，三分之一给孩子的母亲；但如果生下来的是女儿，那么，母亲得三分之二，而女儿只能得三分之一。可结果往往出人意料，奥肖内西太太生下来的孩子竟是一男一女的龙凤胎，为此必须给男孩、女孩及其母亲都按既定比例分配家产。

此时此刻，奥肖内西手足无措，不知怎样才能兑现他的承诺，于是请福尔摩斯帮忙解决。福尔摩斯思考了一会儿便帮他解决了问题。你知道该怎么分家产吗？

【侦查笔记】

主诉	奥肖内西	证据及线索	①儿子财产是母亲的2倍 ②母亲财产又是女儿的2倍
时间	妻子生产后		
地点		关键点	母子三人的分配比例
事件	如何分家产	嫌疑人	
人物及关系	妻子、女儿、儿子分家产	侦查方向	各占几分之几，提示：女儿占七分之一

131. 威廉的疏忽

一天夜晚，威廉接到姐姐打来的电话，说有要紧事情让他马上到她家里去。原来他姐姐碰到一件棘手的事情。她的朋友玛莉今晚有事住在她家里，可是这位朋友睡觉前洗澡时，突然心脏病发作，死在浴缸里。威廉的姐姐不敢通知警察局，怕警察局怀疑自己而引起麻烦，因此求威廉把玛莉送回她住的单身别墅的浴室里，就像在那里死的一样。

威廉把玛莉送到她的别墅时，天已大亮。幸好别墅坐落在树林中间，没有被人发现。威廉悄悄地把玛莉放到浴缸里，打开热水器，让浴缸里放满了温水。接着他把玛莉的衣服挂在衣架上，把手提包和高跟鞋放到适当的位置，随后便悄悄地离开了别墅。当天下午3点左右，玛莉的尸体被别墅管理员定时巡视时发现，很快报告了警察局。

法医检查后说："死因是心脏病，自然死亡。"正在现场调查原因的福尔摩斯忙问："是什么时候死亡的？"法医说："更详细的情况需要解剖尸体才能断定，不过大约是在晚上9点到11点。"福尔摩斯环视四周，沉思片刻说："如果肯定是死于心脏病，又是这个时间，那么这个浴室不是现场，肯定是谁怕尸体引起麻烦才运到这里来的。"

威廉有什么疏忽，使福尔摩斯断定尸体是从别处运来的呢？

【侦查笔记】

主诉	福尔摩斯	证据及线索	①夜晚死亡 ②送到别墅时，天已大亮
时间	晚上		
地点	浴缸里	关键点	浴室现场有重大漏洞
事件	自然死亡	嫌疑人	威廉
人物及关系	威廉帮助姐姐移动尸体	侦查方向	从死者死亡的时间推理遗忘了哪个动作

132. 录音机里的留言

福尔摩斯发现哈克先生的身体倒在办公桌旁，头部有一个弹孔。福尔摩斯还看见哈克先生的桌上有一台录音机，当他按下放音键时，惊奇地听到哈克的说话声："我是哈克。约翰刚才来电话说，他要到此来杀死我。本录音将告诉警察杀死我的是谁。我现在已经听到他在走廊里的脚步声，门开了……"接着咔嚓一

声，说明哈克把录音机关了。

“我们要不要去抓约翰？”福尔摩斯的助手问。“不！”福尔摩斯说。“我确信是一个能惟妙惟肖模仿哈克说话声音的人杀死了他，然后弄了这个录音来陷害约翰！”福尔摩斯的想法最后被证明是正确的。

你能说出是何原因吗？

【侦查笔记】

主诉	福尔摩斯	证据及线索	①按下放音键听到的话 ②录音机的使用方法
时间			
地点	办公桌	关键点	一按下放音键就说话
事件	可疑的录音	嫌疑人	凶手
人物及关系	福尔摩斯识破凶手伪造录音的诡计	侦查方向	想想录音停止后怎样才能听到录的内容

133. 月夜命案

在伦敦附近的一个小镇上，一天晚上9点发生了一起杀人案。第二天，警方锁定了 名嫌疑人，并对他进行了审问：“昨天晚上9点钟，你在哪里？”“我在河边与女朋友谈话。”嫌疑人所说的这条河流，是由东向西流的。

警长接着审问：“你坐在河的哪一岸？”“南岸。昨夜是满月，河面上映出的月亮真美！”“你说谎！如此说来，凶手就是你了！”福尔摩斯大声地说。

福尔摩斯的根据是什么呢？

【侦查笔记】

主诉	警长	证据及线索	①河流由东向西 ②坐在南岸看满月
时间	晚上9点		
地点	一条河边	关键点	不合常理
事件	确定凶手	嫌疑人	
人物及关系	福尔摩斯识破嫌疑人的谎言	侦查方向	用地理知识分析此案

134. 开了几枪

一名走私女郎在她9楼的居室被射杀了。根据现场取证的资料来看，凶手是从对面大楼的楼顶上，用加装了消音器的步枪将她射杀的。屋子里的窗户关得紧紧的，在窗户的玻璃上有一个弹痕，也就是说，凶手应该只开了一枪。

但令警察百思不得其解的是，死者身上有两处枪伤，一处击中左胸，子弹仍然留在其中；另外一处枪伤在左腿的大腿处，且贯穿了左腿。这样看来，凶手应该开了两枪才对。但一同调查的福尔摩斯根据现场的痕迹做出了不同的判断：凶手只开了一枪。你知道为什么吗？

【侦查笔记】

主诉	福尔摩斯	证据及线索	①玻璃上一个弹痕 ②贯穿了左腿
时间			
地点	死者家里	关键点	贯穿伤
事件	现场断案	嫌疑人	
人物及关系	福尔摩斯解答了警察们的疑惑	侦查方向	特定的姿势可能导致这种情况

135. 惨不忍睹的尸体

被称为“守财奴”的高利贷主，在某日夜里被持枪歹徒杀害，保险柜中的巨款被洗劫一空。死者胸部挨了两枪，但更残忍的是，胃也被利器扎得乱七八糟。碎尸案，是仇杀或情杀常见的案件，但这种情况大都是毁容或砍掉四肢。然而，此案的凶手为何要割破被害人的胃呢？刑警颇为不解。福尔摩斯看到这则报道后感叹道：这人把钱看得比命都重要啊。

你知道这是为什么吗？

【侦查笔记】

主诉	刑警	证据及线索	①守财奴 ②巨款丢失 ③胃被扎
时间	夜里		
地点	守财奴家里	关键点	胃
事件	抢劫案	嫌疑人	
人物及关系	刑警对死者被扎破的胃不理解	侦查方向	凶手割破死者的胃寻找什么

136. 福尔摩斯的推断

有一天，福尔摩斯到郊外去度假。忽然，他听到枪声。于是他顺着枪声追了过去。还好，死的是梅花鹿而不是人，真是不幸中的万幸，但是猎杀保护动物也是犯法的。

不远处有一个人走了过来，这个人穿了一件牛仔衣，戴了一顶帽子，抽着香烟。福尔摩斯问他："嗨，老兄，你看见是谁开枪杀死了这只鹿吗？""哦，我看见一个大约30岁的人朝北边跑了，他带着枪。我真为这只可爱的小鹿感到难过，我听到了它的哀鸣之后，马上赶了过来，但还是落在了枪声的后面。""我为你的卑鄙行为和愚蠢的谎言感到遗憾。举起手来！"福尔摩斯拔出了枪。

请问福尔摩斯是怎么知道他在撒谎的，破绽在哪里？

【侦查笔记】

主诉	福尔摩斯	证据及线索	①有人开枪 ②鹿的哀鸣
时间	某一天		
地点	郊外	关键点	鹿
事件	鹿被打死	嫌疑人	
人物及关系	福尔摩斯和枪手	侦查方向	对动物知识的了解

137. 白纸破案

在市郊的一幢别墅里，一位孤身盲眼的老太太死在沙发上。她手里拿着缝衣针，茶几上还有几张白纸，法医断定为服毒身亡。

负责调查的福尔摩斯巡视了所有房间，发现老太太被谋杀的可能性很大，但是室内没有留下任何线索，就连服毒用的器皿也找不到。

福尔摩斯站在客厅中央，凝视着沙发里的老太太，推断出她是在跟别人谈话时死去的。凶手可能是老太太熟悉的人，但却找不到一点儿证据。突然，福尔摩斯看见了茶几上的几张白纸，灵机一动，他想起一件事情，于是拿起白纸摸了摸……最后，福尔摩斯就凭这几张白纸捉住了真凶。凶手就是老太太的侄儿，他为了早日继承遗产，毒死了老太太。

为什么几张白纸就能破案呢？

【侦查笔记】

主诉	福尔摩斯	证据及线索	①手里拿着缝衣针 ②几张白纸
时间			
地点	市郊的别墅	关键点	盲人拿着针
事件	一位老太太蹊跷身亡	嫌疑人	老太太的侄儿
人物及关系	福尔摩斯发现盲人老太太留给警方的信息	侦查方向	从盲人使用盲文的习惯推理此案

138. 教堂前的尸体

小村教堂前的塔底下发现了一具尸体，在靠近墙边大约30厘米的地面上。这个教堂高约15米，在10米高的地方，有一处窗口被打开。警长和福尔摩斯来到了现场，他们检查完死者的尸体，法医签署了由高处坠下而死亡的证明。死者衣衫褴褛，看起来是一个贫穷的老人。警长认为这是一起很普通的案件，死者由于无法忍受生活的痛苦，所以由塔上跳下来自杀。

福尔摩斯细心地看了看周围的环境，又看了看死者的尸体，说道："警长，我认为死者是被人杀死后搬到这里的，不是自杀！"福尔摩斯讲出了理由，充分证明这是一宗谋杀案。

你知道福尔摩斯推断的根据吗？

【侦查笔记】

主诉	福尔摩斯	证据及线索	尸体所在的位置
时间			
地点	教堂的塔底下	关键点	靠近墙边30厘米
事件	坠楼	嫌疑人	
人物及关系	福尔摩斯推翻了警长的判断	侦查方向	高空坠物的特点

139. 富家女之死

福尔摩斯应一位富家独生女之邀，和她的堂姐以及堂姐的未婚夫——一个外科医生，四人一起到郊外的别墅野餐。小巧轻盈的富家女，双亲都已去世，由她继承了巨额家产。到达别墅后，他们在庭院的草地上野餐。

他们带了3个大篮子，篮中装满食物。吃饱后，篮子就收到别墅中。福尔摩斯在与堂姐谈天时，富家女和外科医生一起进了别墅，好久也不见他们出来。堂姐进屋察看，发现里面空无一人。当福尔摩斯也想进屋时，外科医生从另一边的树林里出来了，只见他一身泥巴，摘了一些野草莓。福尔摩斯问他富家女在哪里，他说在屋里。然而当他们三人进屋时，无论如何也找不到富家女，而且门窗都是从里面锁住的。福尔摩斯找来找去，在走廊上捡到一块防水布片。三人失望地将别墅收拾整齐，把大篮子放回车上，离开了。后来福尔摩斯又进行了仔细检查，在浴室里找到了一点儿血迹。

富家女到哪里去了呢？她被谋杀了吗？尸体呢？凶手又是谁呢？

【侦查笔记】

主诉	福尔摩斯	证据及线索	①外科医生 ②二人一同进入别墅后，外科医生独自从树林里出来
时间	准备野餐		
地点	郊外的别墅	关键点	防水布片、富家女的小巧轻盈
事件	富家女失踪	嫌疑人	
人物及关系	死者堂姐及其未婚夫利用福尔摩斯做证明人的计划	侦查方向	利用案件的多个线索破解此案

140. 假修女

福尔摩斯在酒吧喝酒时，目睹了一起抢劫案。他看到三个人从银行里跑出来，穿过马路，这时响起了枪声。一个男子跳上了一辆等在路边的汽车，另外两个人——修女和司机进了酒吧。

“你们俩受惊了吧？”福尔摩斯说。“来，我请客，一人喝一杯吧。”两个人谢了他。修女要了一杯咖啡，司机要了一杯啤酒，三人谈起了刚才的枪声和飞过的子弹。这时，街上又响起了警笛声。劫匪被抓住了，送往了警局。福尔摩斯走到前边的大玻璃窗前去看热闹。当他回到柜台边时，那个修女和司机再次谢谢他之后就走了。

酒吧招待已经把杯子收回去了，看到福尔摩斯回来，就说：“对不起，先生，我以为你也走了呢。”酒吧招待看了看刚刚收回去的两只杯子，把一只没有沾上唇膏的咖啡杯递给福尔摩斯，一边说：“你说这儿怎么会来司机？附近又没有汽车。”福尔摩斯看了一眼酒杯，叫起来：“噢！这个修女是假的！这两个家伙是刚才抢银行的劫匪的帮手！”说着，他冲出酒吧去抓那两个坏蛋了。

请问，福尔摩斯是根据什么做出了这样的判断？

【侦查笔记】

主诉	福尔摩斯	证据及线索	①三个人要了两杯咖啡，一杯啤酒 ②粘上唇膏的咖啡杯
时间	喝酒时		
地点	酒吧	关键点	唇膏

事件	银行抢劫案	嫌疑人	修女和司机
人物及关系	福尔摩斯识破劫匪的真面目	侦查方向	从职业和身份来判断此案

141. 时间做证

查理是一个嗜酒的赌徒。他经常向邻居威廉借钱还赌债，最后累计欠下威廉巨额借款无法偿还，因而起了杀人赖账的歹意。

一天晚上，查理约威廉到家里喝酒，商讨还钱事宜。他把安眠药放进威廉的酒杯中，因此威廉没等喝完酒就睡着了。查理把威廉的头按进水中，那是一桶从海里取来的水，因为如果用普通的水，在解剖尸体检查肺部的积水时就会被揭穿。威廉被溺死时，墙上挂钟的指针指着9点08分。

查理为了制造不在场的证据，于是去朋友家聊天。两小时后，也就是在半夜时分把尸体运往海边悬崖处，然后推到海里。查理这时又看了看威廉戴的手表，时间是凌晨1点15分。

第二天，尸体浮起被人发现。福尔摩斯和警长来到现场，福尔摩斯勘察完现场后判断："尸检显示死亡时间是昨晚九点左右，这不是意外事故，而是谋杀，这里也不是第一现场，凶手是在凌晨1时15分左右把尸体抛入海中的。"

福尔摩斯为什么认定海里不是第一现场。凶手究竟疏忽了什么呢?

【侦查笔记】

主诉	福尔摩斯	证据及线索	①查理第一次看表 ②第二次看表
时间	晚9点		
地点	海里	关键点	福尔摩斯说出尸体被抛入海中的准确时间
事件	杀人抛尸	嫌疑人	查理
人物及关系	福尔摩斯发现死者是被谋杀的	侦查方向	死者身上的计时物品

142. 偷运黄金

警方收到线报说亚斯要走私100千克黄金入境，于是警察每天都严阵以待，准备抓获这个走私者。

这一天，警察们发现了亚斯，便对他开的车进行了仔细的搜索。“你们要干什么？我这车上没装什么违禁物品啊。”亚斯抗议道。

“你说谎，那100千克黄金就藏在你的车上，我们有准确的消息！”

警察们在亚斯的汽车里搜来搜去，连轮胎和座椅都检查过了，1克黄金都没有找到，警察们感到很失望。线报肯定没错，但黄金藏在哪里呢？警长只好求助福尔摩斯。福尔摩斯来到现场后对车内物品进行了仔细查看，同样一无所获。于是，福尔摩斯坐到了驾驶位置，关上车门，准备打火时，突然感觉到了异常，于是把这些黄金找了出来。

你能猜到亚斯将这些黄金藏在哪里了吗？

【侦查笔记】

主诉	警长	证据及线索	只有一辆车，车内检查一无所获
时间			
地点	警局	关键点	汽车
事件	走私黄金	嫌疑人	亚斯
人物及关系	福尔摩斯找出亚斯藏匿的黄金	侦查方向	汽车的不同寻常

143. 巧取手提箱

一列开往纽约的列车即将靠站，这个站很小，停车时间很短。因此，旅客们急匆匆地赶着下车。突然，一位女士急叫道：“我的手提箱不见了！”刚巧，同车厢的福尔摩斯听到这位女士的叫声，马上赶过来叫她别急，看看是不是有人拿错了。女士赶紧四处张望，果真看到一位男士提的箱子像自己的。于是，她快步冲了上去，抓住那个男士：“这是你的手提箱吗？”男士一怔，马上道歉说：“对不起，我拿错了。”于是把手提箱还给女士，自己朝出口走去。

福尔摩斯看到这里，立即追过去说：“先生，你下错站了，快回去！”不由分说，他拉着那个男子就上了车。然后他叫来乘警说：“那个男子是个小偷，你去把他控制住。”乘警把那个男子带到警备车厢，果然从他身上搜出了很多钱包、首饰等物品，在事实面前那个男子只好坦白招供。

福尔摩斯是怎样看出他是个小偷的呢？你看出来了吗？

【侦查笔记】

主诉	一位女士	证据及线索	拿错了手提箱
时间	列车到站后		
地点	站台	关键点	朝出口走去
事件	捉小偷	嫌疑人	男士
人物及关系	福尔摩斯用计抓获小偷	侦查方向	男士的行为反常

144. 凶手的破绽

一天晚上，福尔摩斯在街上散步，突然听见从一栋楼上传来一声枪响。福尔摩斯寻声而去，发现一名男子慌慌张张地从楼上跑了下来。福尔摩斯赶紧上前询问。男子说：“不好了，我朋友被人杀死了。”

福尔摩斯追问细节，男子解释说：“我和朋友在8楼的一间房间里看球赛、喝啤酒，突然停电了。就在这时，一个人冲了进来，朝我朋友开了一枪，就跑了。来电后，我发现朋友倒在了血泊之中，我便跑了下来。”

福尔摩斯跟着男子来到案发现场，屋子里一片寂静，一点儿声音都没有。一名男子倒在沙发上。福尔摩斯对跑下楼的男子说：“你撒谎，凶手就是你！”

请问，福尔摩斯是如何发现凶手的破绽的呢？

【侦查笔记】

主诉	求助者	证据及线索	在屋里看球赛、喝啤酒
时间	晚上		
地点	房间里	关键点	电视机
事件	凶手冲进屋开枪	嫌疑人	求助者
人物及关系	福尔摩斯揭穿求助者的谎言	侦查方向	案发环境与求助者的描述

145. 死亡时间

在运动场上，一名田径运动员准备开始跑步训练的时候，被人从后面用钝器杀死。福尔摩斯和法医马上赶到现场调查。法医摸了摸尸体，发现还有体温，便下判断说："看来他死的时间不长，不到一个小时。"福尔摩斯仔细检查了运动员所有的随身物品后，肯定地说："是的，死亡时间是在31分57秒之前。"

法医非常惊讶："你不是开玩笑吧！怎么可能知道如此精确的死亡时间？""没开玩笑，你看这个！"说着福尔摩斯给法医看了一样这位运动员的随身物品，法医认同了福尔摩斯的观点。

请问：福尔摩斯给法医看的是什么？他认定的死亡时间为什么会如此精确呢？

【侦查笔记】

主诉	福尔摩斯	证据及线索	训练中
时间			
地点	运动场	关键点	
事件	田径运动员被杀	嫌疑人	
人物及关系	福尔摩斯解释死亡时间	侦查方向	训练器材

146. 拉驴尾巴

一个富商和福尔摩斯一起在一个岛上旅行。后来，他们遇到了土著居民，就跟他们一起行走，一起歇息。一天清晨，富商醒来后发现自己的钱被别人偷走了。头人听到这个消息，非常痛心，因为他常常告诫他的族人永远不能做贼。他对富商说："我的朋友，如果有人拿走了你的钱，我保证一定在太阳落山前把钱交还给你。"

头人同福尔摩斯商量完破案的办法后，就把他的族人集合在一起，他说："你们每一个人都必须轮流到我的帐篷里去，拉一拉我那驴的尾巴。要知道这头驴是非常聪明的，如果有小偷拉它的尾巴，它就会大声叫。"

所有的族人一个接一个进入头人的帐篷，大家都一声不响，竖起耳朵听着，当最后一个人从帐篷里出来时，驴还是一声没叫。富商心里想，这下钱一定找不到了。

这时，头人让他们站成一排："现在，你们都把手伸出来！"他命令道。于是，各种各样、大小不一的手都伸了出来。福尔摩斯从他们面前走过，一个一个地嗅他们的手，他走到队伍的末尾站住了，把最后一个人的手嗅了又嗅，然后慢慢抬起头，盯着这个人大声说："你就是贼！还不把偷的钱拿出来！"那个人只好乖乖地到树边一块大石头旁，把藏在下面的钱袋拿了出来。

这是怎么一回事呢，福尔摩斯是怎么判断出来的？

【侦查笔记】

主诉	头人	证据及线索	嗅手
时间	傍晚		
地点	岛上	关键点	气味
事件	辨认小偷	嫌疑人	小偷
人物及关系	福尔摩斯和头人设计找到小偷	侦查方向	现场检验、物证

147. 床底下的地道

莫斯是一个高智商犯罪分子，他曾偷窃某国一家银行几十亿美元，甚至窃听某国的国防机密，最终被警方抓获，并被法院处以终身监禁，关押在某国安保系统最先进的监狱里。监狱给他安排了一间单人牢房，里面条件很好，有看书的地方，有睡觉的地方，还有一间独立的厕所。

莫斯在这里表现也很好，从不违反规定。可令人费解的是两年后的一天晚上，他竟然失踪了，准确地讲是他越狱逃跑了。

狱警在他的床底下找到了一条通往监狱外长达20米的地道。根据警方测算，挖一条如此长的地道，要挖出的土多达7吨，可警方在牢房内连一捧土都没找到，难道他把土吃了不成？狱警马上请来了著名侦探福尔摩斯。福尔摩斯来到监狱后，经过仔细勘查，发现了莫斯挖出的土是怎么消失的。

那些土是怎么消失的呢？

【侦查笔记】

主诉	狱警	证据及线索	①单人牢房 ②独立厕所 ③挖出的土不见了
时间	两年后		
地点	监狱	关键点	厕所
事件	越狱	嫌疑人	莫斯
人物及关系	福尔摩斯帮助警方破解莫斯越狱的方式	侦查方向	从单人牢房的设施推理土的去向

148. 农夫做了个啥动作

从前，有一对勤劳的夫妻在山坡上开垦了几块田地，种了小麦，可贪财的农场主看见了，总想把地占为己有，便想出一条诡计，每天把家里的鸡全赶到农夫的地里。农夫看到自己的庄稼被糟蹋，非常心痛。他惹不起农场主，只能忍气去赶鸡，可是这边赶跑，那边又来，弄得他毫无办法。他愁眉不展地去找福尔摩斯帮忙。福尔摩斯听完农夫的讲述，说："明天，你只要到地里做个动作，要让农场主看见，又不要让他看清，他就不会再放鸡了。"第二天，农夫一试，果然有效。

请你猜猜，福尔摩斯让农夫做了个什么动作？

【侦查笔记】

主诉	农夫	证据及线索	①把鸡全赶到地里吃庄稼 ②做个动作
时间			
地点	田地里	关键点	动作
事件	赶鸡	嫌疑人	
人物及关系	福尔摩斯制止了农场主的恶霸行为	侦查方向	农场主最怕自己的鸡在农夫的田里留下什么

149. 侦探的头发谁来剪

福尔摩斯来到一个小镇，镇上的朋友告诉他，小镇只有两家理发店，每家只有一个理发师，福尔摩斯先来到第一家，理发师的发型漂亮有型，然后他又去第二家看看，理发师的发型乱七八糟。福尔摩斯果断地选择了第二家，你知道为什么吗？

【侦查笔记】

主诉	福尔摩斯	证据及线索	两家理发店和理发师的不同
时间			
地点	理发店	关键点	只有两个理发师
事件	理发	嫌疑人	
人物及关系	福尔摩斯选择理发店	侦查方向	谁的手艺好一目了然

150. 保罗的遗产

这年秋天，保罗患了重病，他害怕自己死后亲人会争夺他的遗产，于是在他有限的时间里，把全部值钱的东西变卖，换了纸币，存放在银行里。最近他又把所有存款提出，拿回家藏起来。

他在弥留之际，仍不肯将藏钱的地方透露出来。直至他死后，护士才在他的枕头下发现一封信，交给在场的亲友。信内是这样写的："我已把全部值钱的东西换成了纸币，遗产约有300万美元。为了避免我死后亲人互相争夺我的遗产，所以，在我仍在世的时候，把全部存款拿回家。其中250万美元已捐赠给各慈善机构，其余50万美元则藏于睡房某地。"

亲人们看过信后，知道保罗尚有50万美元现金藏于睡房内，不禁万分兴奋，急忙赶到他的家。可惜在睡房内只有一张木板床、一盏煤油灯、一张安乐椅及四面贴满报纸的墙，其余什么东西都没有。亲人们差不多把整间屋子都翻遍了，仍未见到50万美元的踪影。大家都很失望，纷纷离开了。

保罗的侄女请福尔摩斯来帮忙，福尔摩斯在仔细观察了四周环境，又对信的内容进行了细致分析后，终于找到了这笔遗产。你猜猜保罗把美元藏在哪里了呢？

【侦查笔记】

主诉	保罗的侄女	证据及线索	①家中没发现线索 ②贴满报纸的墙
时间	保罗死后		
地点	保罗家里	关键点	墙面
事件	藏匿遗产	嫌疑人	
人物及关系	保罗藏匿50万美元的方式几乎瞒过所有人	侦查方向	从美元是纸币这个角度出发进行分析

151. 毒气入口

约翰是哥伦比亚贩毒集团的成员，也是受警方保护的证人。3月10日，他将会出庭指证贩毒集团的首脑。约翰被警方关押在警察总部的密室内，密室里面没有空调装置，也没有窗户及地道。除了铁门外，没有第二个出口，室内的空气也是通过铁门来流通的。

不幸的是，一天早上约翰被发现死在密室内，死因是吸入了毒气。监控设备显示，事发时没有人去过关押约翰密室的门口。

前来协助调查的福尔摩斯仔细地观察这间密室，密室的布置很简单，一张单人床，一个洗手盆，一个马桶，没有其他的东西了。福尔摩斯思考了一会儿就找到了答案。你知道毒气是从哪里进入密室的吗？

【侦查笔记】

主诉	福尔摩斯	证据及线索	毒气致死
时间	晚上		
地点	密室内	关键点	卫生设备
事件	证人被害	嫌疑人	
人物及关系	证人在警察总部被谋害	侦查方向	毒气进入密室的渠道

152. 疑凶的破绽

一幢公寓内发生了一宗凶杀案，时间大约是下午4时。福尔摩斯接到了破获这件案子的委托，经过三天的深入调查后，终于发现一个与案件有关的嫌疑人。但是，他向福尔摩斯证明自己并不在现场。他说：“福尔摩斯先生，事发当天，我一个人在外游玩。直至下午4时左右，我到湖中划船。当时雨后天晴，我还看到山旁西面的天空上横挂着一条美丽的彩虹，所以凶手是别人，不是我！”

你知不知道他的话哪里露出了破绽？

【侦查笔记】

主诉	嫌疑人	证据及线索	①三天前下午4时的凶案 ②山西面的彩虹
时间	下午4时		
地点	公寓	关键点	下午4时，太阳也在西方
事件	凶杀案	嫌疑人	嫌疑人
人物及关系	福尔摩斯识破嫌疑人的谎言	侦查方向	从气象常识和生活知识推理此案

153. 宝石藏在哪儿

夏季的一天，窃贼乔装改扮，混进珠宝拍卖会场，盗出两颗大钻石。一回到家，她马上将钻石放在水里做成冰块放进了冰箱里。因钻石是无色透明的，所以藏到冰块里，万一有警察来搜查也不易被发现。

第二天，福尔摩斯来了。“把你偷来的钻石交出来吧。珠宝拍卖现场的监控设备已将化装后的你偷盗时的情景拍了下来，虽然警察没看出是你乔装改扮的，但你瞒不了我的眼睛，一看就知道是你。”福尔摩斯说。“如果你怀疑是我干的，就在我的家搜好了，直到你满意为止。”窃贼若无其事地说。“今天真热呀，来杯冰镇可乐怎么样？”窃贼说着从冰箱里拿出冰块，每个杯子放了4块，再倒上可乐，递给福尔摩斯一杯，而将藏有钻石的冰块放到了自己的杯子里，即使冰块化了，钻石露出来，在喝了半杯的可乐下面也是看不出来的。福尔摩斯怎么会想到在他眼前喝的可乐中会藏有钻石呢，窃贼暗自盘算着。“那么，我就不客气了。”福尔摩斯接过杯子喝了一口，下意识地看了一眼窃贼的杯子。“对不起，能换一下杯子吗？”“怎么！难道怀疑我往你的杯子里投毒了吗？”“不，不是毒。我想尝尝放了钻石的可乐是什么味道。”福尔摩斯一下子从窃贼手里夺过杯子。

冰块还没融化，福尔摩斯是怎么看穿窃贼的可乐杯子里藏有钻石呢？

【侦查笔记】

主诉	福尔摩斯	证据及线索	①监控设备拍下的画面 ②装冰块的可乐杯
时间	案发第二天		
地点	窃贼家中	关键点	可乐杯子的样子
事件	追捕窃贼	嫌疑人	窃贼
人物及关系	福尔摩斯识破窃贼的手法	侦查方向	想象一下冰块在两个人杯里的不同

154. 失窃的名画

福克热衷于收藏世界名画。前不久，他又收集到一幅名家肖像画，他的朋友福尔摩斯对此画也是爱不释手。福尔摩斯对福克说道："你不怕被人偷去吗？""我已经买过保险了。"福克拍拍胸脯。

夜晚，福克的卧室里似乎有人在谈话，声音很小，分辨不出是什么人。

几天后的一个晚上，福尔摩斯从福克家门口经过。就在这时，一辆小车悄悄停到福克家的后门。一个穿戴整齐的人匆匆从屋里走出来，塞给司机一个长筒形的东西后，小车迅速开走了。这前后不到一分钟的交接，看来是预先有所安排的。

"不好！"福尔摩斯快走几步来到门口，刚敲了一下门，用人在里面就问道："谁呀？"随后听说是福尔摩斯，便说："请进。"福尔摩斯推门而入，迅速上楼来到福克的卧室，只见福克站在散乱的床边，右脚插入裤腿，左脚还在外面。"我听见响声，正要穿上衣服出去看看。"他有点儿惊慌，"发生了什么事？""你家可能失窃了。"福克大吃一惊，马上穿好裤子，光着脚跟福尔摩斯冲下楼。"啊，真的失窃了，那幅名家肖像画被偷走了。"福克万分沮丧，"我要把它找回来。"福尔摩斯望着这位朋友，若有所思地说："这画是你自己拿出去的吧？""你瞎说什么呀！""不，我一点儿也没有瞎说。"福尔摩斯说道。

请你想一想，福尔摩斯说的是真的吗？

【侦查笔记】

主诉	福尔摩斯	证据及线索	①不到一分钟的交接 ②右脚插入裤腿，左脚在外面
时间	夜晚		
地点	福克的卧室	关键点	穿裤子的动作
事件	巧遇盗窃案	嫌疑人	福克
人物及关系	福尔摩斯识破福克骗取保险金的计划	侦查方向	从人的生理特征和生活习惯来分析此案

155. 落叶下的秘密

秋日的森林中发现了一辆高级轿车，车顶上有少量落叶，一个衣着体面的人死在车里，手里还握着一瓶毒药。

“死者估计已经死亡两天。现场没有发现其他痕迹，初步认定是自杀。”法医说道。

林地上铺满了落叶，看不到什么脚印。福尔摩斯仔细勘查了现场，沉思片刻，对大家说：“这不是自杀，而是他杀后移尸到这里。估计犯罪嫌疑人离开这里不到一个小时，他一定会留下线索的。请大家排除自杀的主观印象，仔细勘查现场。”

福尔摩斯为什么做出这样的判断呢?

【侦查笔记】

主诉	福尔摩斯	证据及线索	①车顶上有少量落叶 ②死亡两天
时间	秋天		
地点	森林中	关键点	落叶
事件	否认自杀	嫌疑人	
人物及关系	福尔摩斯否认法医的断言	侦查方向	从秋天树木的生长习性推理此案

156. 女作家之死

某个夏日的中午，人们发现一位女作家在自家院子里被杀害了。她是被刀子刺中背部、腹部，倒在草坪上死去的。连身边放着的几盆昙花都溅上了血迹。被害人单身一人居住，且现场又是与邻居相隔的独门独院，所以死后许久才被人发现，验尸官来验尸时已经过了三天。“未解剖尸体，还无法推定确切的死亡时间，但看起来是8月9日中午到夜里12点钟之间被杀害的。”验尸官含糊地将作案时间推定在12个小时的范围。同行的福尔摩斯在观察到已经凋萎但花心中溅有血迹的昙花后断定说：“如此说来，被害人被害时间一定是9日晚8点到12点钟之间。”

请问：福尔摩斯是怎么推断出如此准确的作案时间呢？

【侦查笔记】

主诉	福尔摩斯	证据及线索	昙花上溅有血迹
时间	8月9日		
地点	女作家院子里	关键点	花开的时间
事件	女作家被杀	嫌疑人	
人物及关系	福尔摩斯修正验尸官的结论	侦查方向	运用花卉知识推理此案

157. 无名火

热衷于科学的福尔摩斯把蜡烛吹熄后，掀起窗帘，刺眼的阳光射在桌上凌乱的稿纸上。“啊！今天是星期日。我想应该去教会一趟。”说完，他就去浴室洗脸。这时忽然电话铃声响起，福尔摩斯脸尚未擦干，就立刻跑到桌边听电话，脸上的水珠，还在断断续续地往下滴。桌上有一块长20厘米、宽10厘米的玻璃板，被两本书架起来，恰似一座桥梁，而玻璃板下放置了一沓稿纸，和几根零散的火柴。

福尔摩斯放下电话筒后，就去教会了。一个多小时后，福尔摩斯走进家门时，一股烤焦的味道扑鼻而来，只见书桌已被大火烧掉过半，幸好发现及时，他将火扑灭了。

事后福尔摩斯觉得奇怪，为何书桌会无故燃烧起来了？于是他仔细观察，想找出引起火灾的蛛丝马迹，结果失望了。清理完现场后，他带着无奈的心情去浴室洗净脸上的污秽，突然脑里灵光一闪，明白书桌为何会无故起火了。

福尔摩斯对失火原因有什么发现？

【侦查笔记】

主诉	福尔摩斯	证据及线索	①玻璃板 ②水珠 ③凌乱的稿纸
时间	离家1小时后		
地点	福尔摩斯家里	关键点	刺眼的阳光
事件	书桌起火	嫌疑人	
人物及关系		侦查方向	用物理知识和生活常识推理此案

158. 密封的蜘蛛网

英国古董商温森特的仓库里放着10只装有珍贵古董的箱子。昨天一早他查看仓库时，发现箱子少了一只，于是立即报警。他对警长说，仓库的钥匙只有他一人有，而且整天贴身挂在脖子上，不可能有人动过。警长查看现场，发现这是个封闭式的小屋，只是在屋顶上开了个小天窗，窗上安装着拇指粗的铁栅栏。虽然铁栅栏已掉了两根，但上面有3只大蜘蛛织满了网，说明没有人从这里钻进去。

警长找到福尔摩斯帮助分析案情。福尔摩斯问：“除了温森特本人，还有谁知道仓库里有古董箱子？”警长说：“有个叫斯达克的，是温森特的外甥，因为嗜赌，早已被温森特赶出去了。蛛网没破，他也没钻进来呀！”福尔摩斯说：“如果确实没有第三人知道仓库藏有古董箱，那么，这箱古董就是斯达克偷的。”福尔摩斯又结合现场情况对斯达克进入仓库的过程进行了大胆的推理。

那么，斯达克是怎样进入仓库的呢？

【侦查笔记】

主诉	警长	证据及线索	①有两根铁栅栏烂掉了 ②可以钻进人
时间	夜晚		
地点	仓库	关键点	三只大蜘蛛
事件	密室盗窃	嫌疑人	斯达克
人物及关系	警长请福尔摩斯帮助分析案情	侦查方向	了解蜘蛛织网的速度

159. 黑色春天

春季，八个中学生相约到深山郊游，深夜才好不容易找到一间被荒废了的密封小屋。于是，他们破门而入，在小屋内歇息，并且砌起了一个炭炉子，拿出早已准备好的食物，烧烤起来。这时他们发觉饮用的水没有了，于是推举了一位比较胆大的同学去取水。这位同学摸黑出去，好不容易找到水源，可是回来时却迷了路。直到第二天早晨，这位同学才找回到小屋处，但这时却见小屋外面有许多警察，里面的七个同学被抬出来，每人都面目发黑地死去，取水同学心里异常恐惧。警方盘问了这位同学，发现他们的领队近日行为有些异常。

难道真是领队杀死了学生们，但同行的福尔摩斯却说他们死于意外，你知道为什么吗？

【侦查笔记】

主诉	学生	证据及线索	①密封的小屋 ②烧起炭炉子
时间	春天夜里		
地点	荒废的密封小屋	关键点	砌起的炭炉子没有烟道
事件	同伴离奇死亡	嫌疑人	
人物及关系	警方向幸存者了解情况	侦查方向	从炭炉子燃烧后的结果推理案情

160. 锡制纽扣失踪案

在俄国首都，朔风凛凛，瑞雪霏霏，气温突然下降到零下30摄氏度，军营里开始发军大衣了。崭新的军大衣穿在身上有多暖和呀！可是，一会儿，士兵们都叽叽喳喳议论起来：“咦，军大衣上怎么连一颗纽扣也没有呢？真是太奇怪啦！”就连沙皇的卫士穿的军大衣也没有纽扣。

沙皇知道了这件事，很恼火，传令把监制军大衣的大臣传来问罪。大臣说：“这事儿就怪啦，我曾经到过制军大衣的工厂去，亲眼见制衣厂的工人把一颗颗银光闪闪的锡纽扣钉上去的呀！”沙皇吹胡子瞪眼睛：“可是事实上，现在连半个纽扣都看不见了！你快去查清楚，到底是谁在搞破坏！”大臣吓得连声说“是”，马上到仓库里去调查。管理仓库的官员说：“军大衣运来时，确实是有锡纽扣的，一直到发放军大衣时才打开仓库，那时没注意去查看纽扣，不过现在还剩下一部分军大衣。”大臣取过一件查看，也没有锡纽扣，只是在钉扣子的地方有灰色的粉末。奇怪，锡纽扣是怎么失踪的呢？大臣百思不得其解，忧愁极了。

大臣的朋友福尔摩斯听说这件事后，告诉沙皇，锡纽扣是变成粉末了。沙皇不相信，福尔摩斯就拿了一个锡酒壶放到皇宫外的台阶上。几天后再去看，手一碰上去，那锡酒壶果然变成了一堆粉末。于是，那个大臣被宣告无罪。

你知道其中的科学道理吗？

【侦查笔记】

主诉	大臣	证据及线索	①气温在零下30摄氏度 ②钉扣子处有灰色粉末
时间			
地点	皇宫外	关键点	锡制品
事件	纽扣失踪了	嫌疑人	
人物及关系	沙皇要治大臣的罪	侦查方向	锡的物理性质

161. 直升机的证言

某人乘坐朋友的直升机去一个海岛旅游。但十分钟后，直升机折回机场。直升机驾驶员向警方解释，此人在飞行途中自行打开机舱门然后跳了出去，他坐的椅子上则留有一封遗书。遗书上说他患了重病，觉得生无可恋，所以要了结自己的生命。

和警长一同前来调查的福尔摩斯看完遗书，深思一会儿后，又打开直升机座舱看了看，便请警长拘捕了直升机驾驶员。

福尔摩斯发现了什么破绽呢?

【侦查笔记】

主诉	直升机驾驶员	证据及线索	椅子上留有一封遗书
时间	飞行的途中		
地点	在空中飞行的直升机上	关键点	自行打开舱门跳了出去
事件	驾驶员朋友跳机自杀	嫌疑人	直升机驾驶员
人物及关系	①驾驶员和他的朋友 ②福尔摩斯和驾驶员	侦查方向	高空气流变化和乘机常识

162. 星座破案

5月1日晚上8点，有一位年轻男子在家中被杀。接到警方邀请的福尔摩斯立刻赶到现场调查情况，最后认为有4个人嫌疑比较大。但是这4个人都说自己有不在现场的证明。

A说："7点50分时几个朋友来找我，我们还在一起用照相机拍了照片，照片上有自动打印的日期。"

B说："8点整收电费的人来到我家，我付给他钱后，又请他进屋坐了半小时，看！这是收据，收电费的人可以为我做证。"

C说："当时我正在山顶观察星星，昨晚看到的北斗七星是这个形状的，我可以画给你们看。”

D说：“昨晚我们全家一起看电视，我可以告诉你8点时正演什么节目。”

这4个人中有一个人讲的话有明显的破绽，福尔摩斯立刻指出他是在撒谎，你发现了吗？先仔细看看图吧。

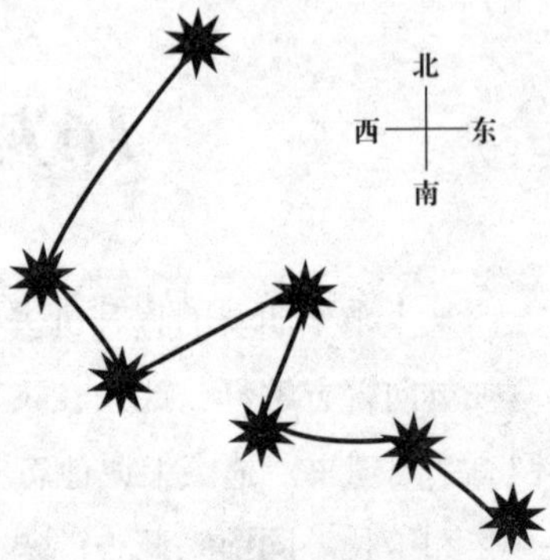

【侦查笔记】

主诉	福尔摩斯	证据及线索	①谁的证词有问题 ②不符合事实
时间	5月1日晚是8点		
地点	死者现场	关键点	北斗七星的形状
事件	凶杀案	嫌疑人	C
人物及关系	福尔摩斯询问4名嫌疑人	侦查方向	应用天文知识

163. 土人的笛声

福尔摩斯和华生约好一起去打猎、探险。

早晨，他们带齐探险装备，前往亚马孙河森林地区，想要深入了解当地食人族的生活习惯，却被食人族发现了行踪。食人族立即吹响一种无声的笛子，两人见状立刻奔逃。

走呀走，两人走得精疲力竭，回头一看，已经没有食人族追来，于是两人慢慢走向亚马孙河，在河边等船救援。当他们返回岸边时，一人群食人族突然从四面八方向他们涌来，把他们捉到森林内。经年轻的族人为他们翻译，问明来意后，知道他们是来探险的，不是袭击族人时，才把两人释放。

走出森林，华生问道：“为什么食人族会涌来河边捉拿我们呢？他们靠什么方式传递消息呢？”

你能为华生解开疑问吗？

【侦查笔记】

主诉	华生	证据及线索	无声的笛子是吹给谁的
时间			
地点	森林中	关键点	食人族从四面八方涌来
事件	食人部落探险	嫌疑人	
人物及关系	探险者与食人族之间的追捕、逃跑关系	侦查方向	应用生物学、动物学中的知识来推理

164. 通风扇在旋转

一天深夜，某大厦失火了，消防车鸣着警笛来到了现场。火灾是在大厦的二楼发生的，消防员在烧毁的现场中发现了一具被烧焦的男尸。火是从二楼的办公室烧起来的，这间办公室是两个人合租的。一个是乔治，一个是杰姆，办公室有70平方米，只有一扇门通往走廊。

这天晚上，两个会计师都留下来加班，晚上九点左右，乔治先回家了，只留下杰姆一个人。火灾警报器是深夜十一点半发出的警铃声，值夜勤的警卫听到后便立刻赶到二楼查看情况。可是，屋子从里面锁上了，警卫用力推也推不开，他想用东西砸开，可是身边找不到任何可用的东西。

杰姆向来谨慎，深夜一个人留下来加班，都要把门用锁锁上，连窗户也会关紧，所以这个办公室等于是个密室。杰姆有抽烟的习惯，为了换气，他就打开了装在窗户上方的小通风扇。但通风扇较靠近乔治的办公桌，距杰姆的办公桌稍远。

消防员调查的结果并没有查明起火的原因，甚至连起火位置也无法确认。要说有火源，只限于杰姆所抽的烟。如果是杰姆忘了熄灭烟头而烧到文件，那么燃烧的速度也太快了。于是消防员就此事向福尔摩斯进行咨询，福尔摩斯对于火势蔓延的速度也感到怀疑，在仔细检查被烧毁的通风扇后，他终于找到了疑点，立刻判断出："这是一起巧妙的纵火案！"于是，警方以纵火杀人罪名逮捕了乔治。

你知道乔治是怎么纵火的吗？

【侦查笔记】

主诉	福尔摩斯	证据及线索	①门窗都关紧了 ②吸烟
时间	深夜		
地点	办公室里	关键点	小通风扇
事件	失火	嫌疑人	乔治
人物及关系	乔治和杰姆	侦查方向	怎样才能让火势迅速变大

165. 辨认死者身份

一天，警察接到报案，有人在公园的水池中发现一个来历不明的箱子，里面还有血液渗出。警察马上赶到现场进行调查，发现箱子里装的是一颗头颅。但是头颅被损毁得比较严重，别说容貌，连男女都分不清楚。

要侦破这个案件，首先要查清楚这名死者的身份。为此，警察开始查询近期所有失踪人口的案件，不久后查出近期有四个人失踪：一名女作家、一个男篮运动员、一名女牙科医生、一个12岁的小男孩。

受到警长邀请来帮助破案的福尔摩斯查看头颅表面没有发现任何有用的线索，便撬开死者的嘴巴，发现死者的牙齿颗粒不大，但保养得很好。右侧恒牙有一颗龋齿，但已经修补过了。另外，门牙上有些凹痕。有了这些特征，福尔摩斯就确定了死者的身份。

你知道死者到底是谁吗?

【侦查笔记】

主诉	福尔摩斯	证据及线索	①死者牙齿颗粒不大 ②门牙上有凹痕
时间			
地点	公园	关键点	牙齿
事件	发现一个装着头颅的箱子	嫌疑人	
人物及关系	福尔摩斯帮忙辨认死者身份	侦查方向	根据各种职业的习惯推理

166. 火花

一天夜里，杰瑞向警察报案称，自己的妻子在家中被人杀害。福尔摩斯受警长邀请来到现场查看，发现杰瑞的妻子倒在地上死了，头部被钝器所伤。

福尔摩斯向杰瑞了解情况。杰瑞说：“我在卧室里休息，妻子在客厅看电视。后来听到门铃声，妻子去开的门。不久我就听到‘哐’的一声，接着就是我妻子的惨叫声。我连忙冲了出去，发现妻子倒在血泊之中，一个黑影从门口窜了出去。我赶紧去追，那个人在我前面大约50米，看我追过去，回头向我扔过来一个东西，我一闪没有打到我，那个东西撞击地面擦出一串火花。等我回过神来，那个人就跑远不见了。”

福尔摩斯根据他的口供在杰瑞家门口不远处发现了一尊青铜像，旁边沾着死者的血迹。

福尔摩斯抓住杰瑞说：“我怀疑是你杀害了你的妻子！”

请问福尔摩斯发现了什么破绽呢？

【侦查笔记】

主诉	杰瑞	证据及线索	黑影扔青铜像打杰瑞
时间	夜里		
地点	杰瑞家	关键点	青铜像
事件	杰瑞妻子被杀害	嫌疑人	杰瑞
人物及关系	福尔摩斯识破杰瑞的谎言	侦查方向	物理常识

167. 死去的登山者

有位猎人偶然在一片大山中发现了一具尸体，于是他马上报了警。警察和福尔摩斯赶到现场，发现死者是名男性，身穿登山服，背着登山包，还带着登山用的专业工具，看上去像是一个登山爱好者。死者身上除了一些擦伤，没有明显的外伤。解剖后发现其肚子里空空如也。警员初步判断死者是登山时迷路困于山中，因过于疲劳和饥饿而死。

可是福尔摩斯指出这一定不是意外，而是谋杀。请问这是为什么？死者到底是怎么死的？

【侦查笔记】

主诉	福尔摩斯	证据及线索	没有明显的外伤
时间			
地点	野外	关键点	肚子里空空如也
事件	登山爱好者意外死亡	嫌疑人	
人物及关系	福尔摩斯识破谋杀	侦查方向	野外生存知识

168. 滑雪板之谜

一个冬天，有情报说某滑雪场的一幢别墅里潜入了一名被通缉的逃犯。警察得知消息后，立即出动进行搜捕，但是来晚了一步，别墅现场的迹象表明人已经逃走。雪地上还留有滑雪板的痕迹，看来是滑雪逃跑的。但很奇怪，滑雪板的印迹不断地呈交叉状，这使警察感到很奇怪。但来协助调查的福尔摩斯却大胆推测出了一个可能性，你也能推测出一个可能性吗？

【侦查笔记】

主诉	警察	证据及线索	①滑雪逃跑 ②印迹呈交叉状
时间	冬天		
地点	滑雪场别墅	关键点	滑雪时不可能出现交叉痕迹
事件	滑雪脱逃	嫌疑人	在逃犯
人物及关系	警方被滑雪板痕迹困扰	侦查方向	这样的痕迹是怎样形成的

169. 寻找凶器

在一个满是冰柱、气温只有零下6摄氏度的地下洞穴里，管理员发现有一名少女被人杀害，死因是脖子被戳破，气管、颈动脉断裂导致的流血过多。经搜查，警察在洞内抓获一名唯一可能作案的男子，但他矢口否认，警方因没有找到杀人凶器，无法逮捕他。

协助调查此案的福尔摩斯仔细勘查了现场，又仔细搜查了男子的身上和携带的物品，只发现男子衣服的胸口处很潮湿。经过分析，福尔摩斯指出了男子杀人的凶器，男子也只好招认了自己犯罪的事实。

你能想到凶器是什么吗？

【侦查笔记】

主诉		证据及线索	①零下6摄氏度 ②脖子被戳破
时间			
地点	地下洞穴	关键点	没有找到凶器
事件	凶杀案	嫌疑人	男子
人物及关系	福尔摩斯指出男子杀人的凶器	侦查方向	什么东西可以作为凶器

170. 福尔摩斯看到了什么

半夜时分，一阵急促的呼救声使福尔摩斯从睡梦中惊醒，原来发生了一起盗窃案。

福尔摩斯来到被盗人家时，只见主人被绑在椅子上，嘴里不停地说："我在床上睡觉，突然听到屋内有响声，急忙开灯，发现有个小偷。然后我们俩便扭打起来，他一拳把我打倒在地，还把我绑了起来。幸亏我的财产都已经保了险，能够……"福尔摩斯边听边环视着屋内的一切，突然目光停留在整齐的床上，没等主人把话说完，他就知道是怎么回事了。

你知道福尔摩斯为什么看到床就明白了真相吗？

【侦查笔记】

主诉	房屋主人	证据及线索	①睡在床上 ②和小偷扭打起来
时间	半夜		
地点	被盗人家	关键点	床
事件	监守自盗	嫌疑人	主人
人物及关系	福尔摩斯识破房屋主人的谎言	侦查方向	从福尔摩斯发现床的线索推理此案

171. 解难题

一天，总统召集了一些学者问道："什么是好中之好的东西？什么是坏中之坏的东西？什么是明中之明的东西？什么是黑中之黑的东西？什么是长中之长的东西？什么是短中之短的东西？什么是宽中之宽的东西？什么是窄中之窄的东西？什么是直中之直的东西？什么是弯中之弯的东西？"学者们都争先恐后地回答："好中之好的是黄金，坏中之坏的是蛋壳，明中之明的是太阳，黑中之黑的是夜色，长中之长的是道路，短中之短的是蝉命，宽中之宽的是太空，窄中之窄的是独木桥，直中之直的是蜡条，弯中之弯的是水牛角。"总统连连摇头，又提出了一个问题："小的时候两个角，十四五岁没有角，但是长得圆又胖，显得可爱又美妙。十八九岁又变小，又丑又瘦又有角，等到活了三十岁，它的寿命就完了。"这个难题使学者们手足无措了。

聪明的福尔摩斯听完后，便对总统说："我认为最好最坏的是人心，最明最黑的是人心，最长最短的是人心，最宽最窄的是人心，最直最弯的也是人心。心是一切善行的源泉，心是一切邪恶的深渊。舍己为人是人的心，损人利己是人的心，忠心耿耿是人的心，虚假伪善是人的心，直言不讳是人的心，阿谀奉承是人的心。"

福尔摩斯利箭般的语言刚刚说完，整个厅堂就骚动起来。学者们羞愧得无地自容，但心里又充满着嫉妒。总统点着头对福尔摩斯说："请你再回答第二个问题！"福尔摩斯接下来的话又一次使学者们感到震惊。你知道他是怎么回答的吗？

【侦查笔记】

主诉		证据及线索	
时间			
地点		关键点	
事件		嫌疑人	
人物及关系		侦查方向	

172. 难防毒手

麦克和曼斯在生意上是合作关系，但最近因为一宗大生意，麦克怀疑曼斯想害死自己，但又不能不和他来往，因此，麦克处处提防着曼斯。这一天，曼斯请麦克喝咖啡。为了使麦克相信自己，曼斯先倒了一杯给自己喝，然后盖上咖啡壶盖又给麦克倒了一杯。“麦克，我们是合作伙伴，我处处都离不开你。你可不要听信别人的坏话，对我有什么怀疑啊！”曼斯一边说着，一边喝了一口咖啡。

麦克被曼斯说得有点儿不好意思，又看曼斯先喝了，自己便也喝起来。谁知喝完咖啡不久，麦克就感到腹内痛如刀绞，然后就中毒倒在地上。咖啡店里的人都不明白麦克是怎么中的毒。福尔摩斯协助警方开始了调查，仔细查看了现场后，福尔摩斯终于找到了其中的奥妙。你能推理出来其中的缘故吗?

【侦查笔记】

主诉	福尔摩斯	证据及线索	①喝完咖啡出的事情 ②咖啡壶
时间	某一天		
地点	咖啡店	关键点	咖啡
事件		嫌疑人	曼斯
人物及关系	合作关系	侦查方向	咖啡店

173. 酿酒专家

哈尼在其庄园设晚宴款待几位客人。当佣人来往穿梭上菜时，哈尼站起来，熟练地拧开一瓶冷藏的红葡萄开胃酒，为每位客人斟上一杯。

福尔摩斯一边仔细品味，一边礼貌地点头嘉许。坐在福尔摩斯旁边的乔治对他耳语道："你知道我们为什么会受到邀请吗？""我猜哈尼大概是急需用钱。"福尔摩斯答道。"上个星期他找到我的办公室，"乔治说，"要我为他开列一张可能有兴趣对葡萄园投资的人员名单。哈尼自称是从酿酒之乡波尔特来的酿酒专家，但我还没来得及证实。"

乔治继续说："他向我保证那块将要拍卖的是法国最肥沃的葡萄园，那儿产的是法国最上等的葡萄。他要用那儿的葡萄酿制最优良的勃艮第红葡萄酒，在美国高价出售。""他究竟需要多少现金呢？"福尔摩斯问。"葡萄园的价格100万美元，并要求最迟在下星期二成交，过时不候。"乔治说："我将你的名字列入名单是因为我想你能帮我对哈尼做出判断。""我当然能。"福尔摩斯说："你们一分钱也不要投资！""为什么？"

你知道是为什么吗？

【侦查笔记】

主诉	福尔摩斯	证据及线索	葡萄酒应提前醒酒
时间	上星期		
地点	庄园	关键点	葡萄酒
事件		嫌疑人	哈尼
人物及关系	哈尼的宴会	侦查方向	葡萄酒产地

174. 福尔摩斯智斗刺客

一天深夜，福尔摩斯正在事务所办公室里喝着威士忌，突然，一名刺客闯了进来，将枪口对准了福尔摩斯。

福尔摩斯却端着酒杯，镇定自若地问道：“别紧张嘛！谁派你来的？”“一个被你追踪得感到厌烦的人。”“佣金不多吧？我出3倍的价钱，怎么样？”刺客一听，好像有点儿动心。福尔摩斯倒了一杯威士忌，递到刺客面前，带有几分讥讽地继续说道：“怎么样，要喝一杯吗？是不是喝下去你的手就拿不稳枪啦？”刺客不敢掉以轻心，右手举着枪对准福尔摩斯，伸出左手接过酒杯，一扬脖儿就喝了下去，接着便急切地问道：“你真的有钱吗？”“那个保险柜里有的是。”福尔摩斯指着桌子后面的保险柜说道。

为了使刺客放心，福尔摩斯一只手端着酒杯，另一只手去开保险柜，从里边拿出一个鼓鼓囊囊的信封放在桌子上。就在刺客把手伸向信封的那一瞬间，福尔摩斯迅速地关上保险柜的柜门并拨乱了数字盘。这样，保险柜便再也打不开了。刺客见状立刻把枪口对准了福尔摩斯。

福尔摩斯微微一笑说：“那个信封里全是些旧收据。即使你杀死我逃走，你也一定会立即被捕的，因为你留下了决定性的证据。”刺客突然想到了什么，“唉，我上了你的当了！”他见情况不妙，只好逃走。

福尔摩斯到底拿到了什么决定性的证据呢？

【侦查笔记】

<table>
<tr><td>主诉</td><td>福尔摩斯</td><td rowspan="2">证据及线索</td><td rowspan="2">①喝了一杯酒
②刺客伸手拿信封</td></tr>
<tr><td>时间</td><td>深夜</td></tr>
<tr><td>地点</td><td>事务所办公室</td><td>关键点</td><td>酒杯、指纹</td></tr>
<tr><td>事件</td><td>刺客刺杀福尔摩斯</td><td>嫌疑人</td><td>刺客</td></tr>
<tr><td>人物及关系</td><td></td><td>侦查方向</td><td></td></tr>
</table>

175. 煤气爆炸之谜

晚上九点，福尔摩斯和往常一样在书房里阅读书籍，忽然停电了，四周一片漆黑，这时突然一声巨响，连窗户的玻璃都被震得粉碎，福尔摩斯连忙出去看个究竟。原来是邻居的房子爆炸着火，看到这种情况，他不敢怠慢，马上跑到现场。根据现场查看，这很可能是一桩有计划的纵火谋杀案件，一位独居老妇人被烧死在寝室里，法医解剖的结果验明死因是煤气中毒。假使她是自杀，那煤气怎么会爆炸呢？而且最先起火的寝室里面只有电话和放器具用的一个木盒子，别无他物，发生爆炸时，这一带区域正停电，也不可能是因为漏电而发生煤气爆炸引起火灾的，看样子可能是有定时炸弹之类的东西爆炸。

福尔摩斯参加了此案的侦破工作。警察认为最有可能的嫌疑人是被害者的侄儿，也就是死者唯一的财产继承人。被害者有许多宝石、股票都寄存在银行，并且投了保险，指名的领款人也是她侄儿，由此推测很可能是她侄儿由于急于得到这份财产而下的毒手。警察虽有此种看法，可是事件发生的时候，这位嫌疑人并不在现场，而且有有力的证据证明他当时在别处。当时他住在一家旅社里，这家旅社距离现场有10千米之远，而且旅社的服务生也出来作证，当时他确实是在旅社里，正在前台打电话。听到这福尔摩斯断定凶手就是被害者的侄子。

你知道福尔摩斯作了怎样的推理后，断定被害者的侄子就是凶手的吗？

【侦查笔记】

主诉	福尔摩斯	证据及线索	①无电怎么引起的爆炸 ②煤气中毒又怎么会引发爆炸
时间	晚上九点		
地点	书房	关键点	停电、煤气爆炸
事件	煤气爆炸	嫌疑人	被害者的侄儿
人物及关系		侦查方向	短路

176. 世界旅馆宝石案

春节后的第二天早晨，华生来到福尔摩斯的寓所，向他恭贺佳节。福尔摩斯正靠坐在椅子上，全神贯注地看着手中的亮晶晶的蓝色石头。华生说："这不是世界旅馆失窃的蓝宝石吗？怎么会在你手里？""你记性真不错！"福尔摩斯侧身从桌旁的一沓报纸中拣出了一张说："据报道，世界旅馆的管道工霍纳利用为莫卡伯爵夫人的住房焊接壁炉炉栅的机会，偷盗了蓝宝石，是侍女丘萨克报的案。至于这颗宝石会到我的手里，完全是我们看门人彼得森的功劳，他在昨晚帮我买了一只鹅。今天早晨，我准备将鹅烤着吃时，从鹅的嗉囊里挖出了这颗蓝宝石。我看，如果能找到鹅的来源，世界旅馆失窃案或许会出现一个法官们意想不到的转机呢！"

他们在报上登了一则招领失鹅的启事。傍晚时分，果然有位男子来到福尔摩斯的寓所。福尔摩斯赔给他一只鹅，并且从他的嘴里了解到，鹅是一个"鹅俱乐部"发给他的。福尔摩斯随口问道："你知道世界旅馆吗？"贝克一脸茫然。等他走后，福尔摩斯对华生说："此人显然与宝石失踪案无关。我们还是去拜访一下'鹅俱乐部'吧！"

鹅俱乐部设立在一个小饭店里，主席就是小店老板。福尔摩斯询问道："你们和世界旅馆有业务联系吗？"

小店老板脸涨得通红："我们这种小店，怎么高攀得上世界旅馆？"福尔摩斯又问："鹅俱乐部至少会向各家饭店供应食鹅吧？"小店老板说："我们的鹅是别人供应的，从不出售食鹅。"福尔摩斯了解到鹅俱乐部送出的这批鹅共24只，是从奥克肖特太太那里收购来的。两人又追查到奥克肖特太太那里，她是个养鹅的行家。一共养了26只鹅，卖出了24只，还剩下2只。"能不能让我们看看那剩下的2只鹅？""一只已经送给了我的弟弟赖德，只剩下一只了。"福尔摩斯忙追问："赖德在世界旅馆上班吗？""你怎么知道的？"奥克肖特太太惊讶地说，"他是世界旅馆的客房领班。"

在世界旅馆，福尔摩斯和华生找到了赖德，并将他带到福尔摩斯的住处。福尔摩斯打开保险箱，取出蓝宝石，举到赖德眼前，厉声说道："你是怎么知道莫卡伯爵夫人有一颗蓝宝石的？"赖德知道无法隐瞒，只好实话实说了："是伯爵夫人的侍女丘萨克告诉我的。""哦，你与侍女勾结，窃取宝石，然后嫁祸于人，转移赃物，以避开警察的耳目，你可真会用心计啊！赶紧交代吧！”赖德的心理防线彻底崩溃了。福尔摩斯听完赖德的交代，说：“现在宝石到了我的手里。好啦，赖德先生，我必须马上把你送交警局了，那里还有一个人正因为你含冤坐牢呢。”

你知道赖德是如何嫁祸于人和转移赃物的吗?

【侦查笔记】

主诉	福尔摩斯	证据及线索	①鹅俱乐部 ②莫卡伯爵夫人丢失蓝宝石
时间	春节后的第二天早晨		
地点	福尔摩斯的寓所	关键点	鹅的嗉囊
事件	蓝宝石丢失	嫌疑人	赖德
人物及关系	奥克肖特太太与鹅	侦查方向	鹅的来源

177. 失踪的新郎

杰克和安娜在海港的教会举行了结婚仪式，然后顺路去码头，准备启程去度蜜月。这是闪电般的结婚，所以仪式上只有神父一个人在场，连旅行护照也是安娜的旧姓，将就着用了。

码头上停泊着一艘国际观光客轮，马上就要起航了。俩人一上舷梯，两名身穿制服的二等水手正等在那里，微笑着接待了安娜。丈夫杰克似乎乘过几次这艘观光船，对船内的情况相当熟悉。他分开混杂的乘客，领着安娜来到一间写着“B13号”的客舱，俩人终于安顿下来。

安娜将随身携带的2万美元交给丈夫，请他送到事务长那里保存。杰克拿钱走出客舱后，过了一会儿，安娜左等右等也不见丈夫回来。汽笛响了，船已驶出码头，安娜到甲板上寻找丈夫，可怎么也找不到。她想也许是走岔了，就又返了回来，却在船内迷了路，怎么也找不到B13号客舱。她不知所措，只好向路过的侍者打听。

“B13号室？没有那种不吉利号码的客舱呀。”侍者脸上显出诧异的神色答道。“可我丈夫的确预定了B13号客舱啊。我们刚刚还把行李放在了那间客舱里。”安娜说。她请侍者帮她查一下乘客登记簿，但房间预约手续是用安娜的旧姓办的，是“B16号”，而且，不知什么时候，有人已把她的行李搬到了那间客舱。登记簿上并没有杰克的名字，事务长也说没有人寄存过2万美金。

“我的丈夫到底跑到哪儿去了……”安娜简直莫名其妙。她找到了上船时在舷梯上笑脸迎接过她的船员，安娜想大概他们会记得自己丈夫的事，就向他们询问，但船员的回答使安娜更绝望。“您是快开船时最后上船的乘客，所以我们印象很深，当时没别的乘客。我发誓只有您一个乘客。”船员回答说，看上去不像是在说谎。

安娜一直等到晚上，也没见丈夫的踪影，安娜一夜没合眼。第二天早晨，安娜接到了一个电话，来到了甲板上，却差一点儿被推到海里去。

那么，她丈夫杰克到底是怎么失踪的呢？正在这艘船上度假的福尔摩斯很快就查清了此事的来龙去脉。你知道是怎么回事吗？

【侦查笔记】

主诉	安娜	证据及线索	①门牌号 ②观光客轮
时间			
地点	国际观光客轮	关键点	水手
事件		嫌疑人	杰克
人物及关系	安娜与杰克	侦查方向	

178. 一把钥匙和三把锁

福尔摩斯和两位航海爱好者是朋友，他们共有一只小艇。

他们想做出一种安排，使每个人都可以随时取到小艇使用，而又不会被别人偷去。于是，福尔摩斯用三把锁和一条铁链把小艇锁在岸边。每人携带一把钥匙，但只能用自己的钥匙打开自己的锁，并不用等待另外两人带着他们的钥匙前来协助便能开走小艇。

你知道福尔摩斯是怎样做到的吗？

【侦查笔记】

主诉	福尔摩斯	证据及线索	
时间			

地点	一只小艇	关键点	钥匙
事件	一把钥匙和三把锁	嫌疑人	
人物及关系		侦查方向	

179. 巧分钥匙

福尔摩斯的档案室里有三只资料柜，每只柜子各有两把钥匙，三个朋友需要随时都能打开这三个柜子。福尔摩斯便想了一个办法，在不增加钥匙的情况下，让每人随时都可以打开这三个柜子的任何一个。你能想到是什么办法吗？

【侦查笔记】

主诉	福尔摩斯	证据及线索	
时间			
地点	档案室	关键点	三个朋友打开三个柜子
事件	打开资料柜	嫌疑人	
人物及关系		侦查方向	

180. 特异功能

流浪汉乔治因为涉嫌杀害女童而被捕。乔治有两次杀害女童的记录，这次的受害人年仅8岁。

乔治被捕后，矢口否认是他干下这丧尽天良的事情。因为找不到证据，警方很是伤脑筋，于是请来了经验丰富的福尔摩斯帮忙。福尔摩斯把乔治带到警署的天台上，以闲聊的方式套取口供。

“乔治，这些日子，你晚上睡得好吗？有没有梦见被你杀害的女童？”

“请你别开玩笑了，我根本没做过这些坏事，又怎会睡不好呢？”

两人沉默了一会儿，这时有个细微的声音说道："叔叔，你干什么呀！……不要……不要……"

乔治本能地看向四周，但天台上只有他和福尔摩斯二人。这种声音不断地围绕着他，令他莫名惊骇，但坐在对面的福尔摩斯又没有说话，怎么会是这样呢？

最后，他抵受不住良心的谴责，终于招供了。

女童的悲鸣惨号迫使乔治认罪，那真是死去女童的声音吗？声音到底是怎样产生的？

【侦查笔记】

主诉		证据及线索	曾杀过女童
时间			
地点		关键点	
事件	杀害女童	嫌疑人	乔治
人物及关系		侦查方向	流浪汉的心理

181. 误伤还是故意

汤姆的儿子是个只有6岁的小调皮，平时总喜欢用玩具枪和爸爸玩警察抓坏蛋的游戏。他一见到爸爸下班回家，便偷偷躲在花园里，向爸爸开枪。爸爸每次都配合他，被打中之后，装着倒在地上。

这天，爸爸带着一名生意伙伴回家，快到家的时候，爸爸特意向伙伴介绍了自己儿子的爱好，希望他能够配合一下。生意伙伴欣然同意了。到了汤姆家门口，儿子真的持枪在恭候他们。只听"嘭"的一声，枪里射出的竟然是真子弹，客人当场惨死。汤姆的儿子还以为是游戏，高兴得不得了。

福尔摩斯听说了这个案情后，便告诉警长将汤姆抓起来，请问这是为什么？

【侦查笔记】

主诉		证据及线索	①利用总玩的游戏 ②利用小孩完成杀人
时间			
地点	汤姆家	关键点	玩具枪
事件	预谋射杀	嫌疑人	汤姆
人物及关系		侦查方向	

182. 诈骗

一天夜里，大侦探福尔摩斯办完事后开车回家。在一个路口，遇到一名年轻女子挥手想搭车，福尔摩斯就让她上了车。车向前开了没多远，后面就有辆车跟了上来，并亮起刺眼的前灯。

女子回头看了一下，马上惊慌失措地对福尔摩斯说："不好了，那是我丈夫，他是个冲动不理智的人，知道你载着我肯定会误会，会杀了我们的。"

"是吗？那我们怎么办？"福尔摩斯假装害怕地说道。

"他见钱眼开，你给他点儿钱就可以了。"

"我看得给你一副手铐！你们用这种方式骗了不少钱吧？"

福尔摩斯是怎么识破他们的呢？

【侦查笔记】

主诉		证据及线索	
时间	一天夜里		
地点	路口	关键点	见钱眼开
事件	诈骗	嫌疑人	后面的车
人物及关系		侦查方向	

183. 露出破绽

7月14日中午，四方旅馆住进了4个单身旅客。他们分别是：从耶路撒冷来的斯坦纳先生，经营水果生意；从伦敦来的勃兰克先生，行踪有些诡秘；从科隆来的企业家比尔曼，他是来同跨国公司洽谈一笔生意的；从里斯本来的曼纽尔，身份不明。

7月16日上午10点10分，电影明星格兰特小姐刚刚起床，就发现所有的金银珠宝都不翼而飞了。警长和福尔摩斯接到报案后赶到旅馆，经过调查确信盗窃者就在这4名单身旅客当中。于是，警方要求旅馆经理提供3天来这4位单身旅客的活动情况。经理回忆道：

"斯坦纳每天都要两张希伯来语报纸，坐在大厅门口，用一个放人镜从头读到尾；勃兰克每天上午10点左右离开旅馆，下午5点左右回到旅馆，一架照相机总不离身；比尔曼总是在床上吃早饭，一个鸡蛋和一些鱼子酱，起床后总是在服务台最忙的时候来拿他的信件；曼纽尔是个左撇子，会讲六种语言。"

警方根据经理提供的线索，决定传讯这4名单身旅客。不料，勃兰克和曼纽尔已经离开了旅馆，比尔曼也不知去向，只有斯坦纳仍坐在大厅门口看报纸，把放大镜从左到右一行一行往下移。福尔摩斯看着看着，突然眼睛一亮，立即招呼几个警察走上前去，给斯坦纳戴上了手铐。经审讯，斯坦纳对自己的盗窃行为供认不讳。

斯坦纳在什么地方露出了破绽呢？

【侦查笔记】

主诉		证据及线索	①希伯来语报纸 ②从左到右一行一行往下移
时间	7月14日		
地点	四方旅馆	关键点	报纸
事件	珠宝被盗	嫌疑人	斯坦纳
人物及关系		侦查方向	

184. 犯罪嫌疑人的疏忽

一天，福尔摩斯去拜访好友沙雷先生，对方很热情地招待了他。

“福尔摩斯，今天就留在这里吃晚饭吧。”沙雷说道。

“好啊！等你的妻子回来我们一起用餐吧。”

对方看了一眼挂钟说道：“她？唉，中午出去的时候还和我说会在下午三点钟回来的，现在都快六点了，还不见人影。”他话刚说完，只见沙雷的司机马克气喘吁吁地跑进屋子里说：“不好了，先生，太太她……”

“出什么事了？”福尔摩斯迅速地从座位上弹了起来。

“跟我来。”司机向前飞奔，后面二人也不敢怠慢。他们三人来到了离沙雷家不远的一片树林里，一辆黑色轿车停在一棵大树的旁边。

福尔摩斯看了一下地形，从车头的方向可以看出，车刚经过了一段下坡路，这辆车的确是要往沙雷家驶去。车的后排坐着沙雷的妻子，她的太阳穴处中了一枪。

“夫人！夫人！”沙雷拉开了车门想抱住自己的太太。

“不要这样！沙雷，这样就破坏现场了。”

一听福尔摩斯这样说，沙雷忍住悲痛没有去碰他的妻子，但在不停地哭泣。

“沙雷夫人出门的时候是坐的你的车？”福尔摩斯问司机马克。

“是的。”

“这个枪眼是怎么回事？”福尔摩斯指着死者头部右处太阳穴问道。

“是这样的，刚才太太说肚子有些饿了，要回家，我就开车送她，但经过了那家超市之后我就听见一声枪响，接着就刹住了车，等我回头时发现太太已经死了。她是个好人呀！”福尔摩斯朝那家超市看去，那家超市离这里还有一段距离。他很清楚，那家超市的生意不太好，很早就关门了，所以不会有其他的目击证人出来做证。

“你真的听见枪响了？”福尔摩斯问。

“是的，千真万确。”

“你开车的时候这条路上还有其他人吗？”

“没有，一个都没看见。先生，会不会是有人在附近埋伏着呢？”

“在我们来之前你有没有动过现场？”

“没有。”

“你一个月拿多少工钱？”

“啊？先生，你怎么这样问？”马克疑惑地说。

“回答我。”

“三千元，沙雷先生给的钱不算少。”

“留着这笔钱请律师用吧。”福尔摩斯看着马克严厉地说。在马克狡辩之前，福尔摩斯已经做出了判断。

请问，司机马克的漏洞到底在哪里呢？

【侦查笔记】

主诉		证据及线索	①坐着的沙雷妻子 ②刹住了车
时间	某一天		
地点		关键点	太阳穴处中了一枪
事件	沙雷夫人的死	嫌疑人	马克
人物及关系		侦查方向	

185. 自卫还是谋杀

在一座偏僻的小洋房里，进入客厅的大门正对面是一块落地的大玻璃，但现在已支离破碎，碎片散落了一地。躺在离大门不远处地上的是这间屋子的主人杰克逊，他的心脏位置上有三个血淋淋的枪洞，每个枪洞之间的距离相差不到2厘米，不容置疑那是致命的伤口。他身旁还滑落着一个酒瓶。

福尔摩斯蹲下去，拿掉了死者伤口上的玻璃碎片，用放大镜仔细查看伤口。过了一会儿，他站起来，提出要审问自认为是自卫才射杀了自己丈夫的杰克逊太太。杰克逊太太显得非常激动，福尔摩斯柔声开导她，要她说出经过。

“他是一头野兽！他是一个酒鬼！他每天都虐待毒打我！”杰克逊太太开始诉说着，并给福尔摩斯看了她身上，包括手上和腿上的伤痕，“他今天又跟我大吵了一架，我诅咒他永远也不要再回家来，他狠狠地说：‘不回就不回，有什么大不了的！’”

“到了晚上，他没有回来，我以为他不会回来了，于是我便上床睡觉。深夜时，我听到门口有声响，我好害怕，便打开灯，拿起枪来到门口。透过玻璃，我看见了他，这个魔鬼醉得一塌糊涂，但一看见我，他就发起疯，向我狂冲过来，玻璃都给他撞得粉碎，他冲进来张开双手，像是要掐死我的样子。我情急之下，连忙开枪，将子弹射进他的身体。他就那样向后跌倒死去，尸体我一直没动过，就赶快报警了。当时我完全有理由相信他会掐死我，我只是为了自卫才向他开枪的。”

福尔摩斯听完后便告诉警长将杰克逊太太以谋杀罪逮捕。你知道这是为什么吗？

【侦查笔记】

主诉		证据及线索	①每个枪洞距离相差不到2厘米 ②自卫开枪应该很慌乱
时间			
地点	偏僻的小洋房	关键点	整齐的枪洞
事件	杰克逊的死	嫌疑人	杰克逊太太
人物及关系		侦查方向	

186. 遇害真相

荒野中，有个男子被人绑在树上窒息而死。有人路过发现了尸体便报了警，不久后福尔摩斯和警察来到现场。

福尔摩斯发现男子的嘴被堵着，脖子被生牛皮绕了三圈。经警方鉴定其死亡时间是在下午4点左右。

警方通过指纹比对逮捕了一个嫌疑人。但经过询问，此人从上午至下午尸体被发现为止，都不在作案现场。警方找不到证据，准备释放此人。福尔摩斯却说真凶就是他，你知道他是用什么手段蒙蔽警方，杀死男子的吗？

【侦查笔记】

主诉		证据及线索	
时间	下午4点左右		
地点	荒野中	关键点	指纹

事件	有个被绑在树上死亡的人	嫌疑人	
人物及关系		侦查方向	遇害人身上的指纹

187. 离奇的杀人案

一天早上，住在一栋13层公寓顶楼的妮可小姐被发现死于自己家中。妮可小姐是被人勒死的，她穿着睡衣，身上有几道擦伤，死亡时间是前一天深夜12点左右。屋子里没有任何凶手留下的痕迹，也没有打斗的迹象。而且警察还发现，死者的公寓门是从里面反锁的，只有唯一的一扇窗户打开着，死者头朝向窗户趴在地上。可以说这是个密室。福尔摩斯仔细勘察了现场后便解开了这个谜团。

死者到底是怎么死的呢？你能揭开这宗离奇杀人案的真相吗？

【侦查笔记】

主诉		证据及线索	①死者头朝向窗户趴在地上 ②唯一的窗户打开着
时间	早上		
地点	13层公寓	关键点	窗户
事件	妮可小姐的死	嫌疑人	
人物及关系		侦查方向	

188. 中毒身亡

在一家酒店的客房里，发生了一起命案。一个青年男子死在茶几边，茶几上还有半杯没有喝完的葡萄酒。

福尔摩斯赶到现场调查，发现死者死于中毒。室内一切物品都很整齐，没有半点儿挣扎和打斗的迹象。杯子里的半杯红酒也没有检验出有毒物质。

可是死者明明是中毒死的，为什么找不到有毒物质呢？福尔摩斯盯着这个杯子思考起来，突然他想起还有一种可能性被忽略了，你能想到是什么可能性吗？

【侦查笔记】

主诉		证据及线索	
时间			
地点	酒店	关键点	中毒
事件	青年电子死亡	嫌疑人	无
人物及关系		侦查方向	

189. 凶器哪里去了

杰克的公司面临破产，这天杰克被发现死在了自己的办公室内，死因是用刀片割喉。警方调查后发现，杰克死前购买了一份大额人寿保险，受益人是他的太太。而保险规定，如果是意外死亡，则可以获得赔偿；如果是自杀，则什么也得不到。现场没有任何打斗过的痕迹，所以经初步断定杰克是自杀。可让人疑惑的是，在现场找不到凶器。如果真的是割喉自杀，他不可能杀死自己后把凶器弄走。死者办公室的窗子是开着的，但是在窗口附近也没有任何凶器的下落。一起来调查的福尔摩斯发现办公室内有一个空着的鸟笼，他马上就解开了凶器消失之谜。

你知道凶器到底去哪里了吗？

【侦查笔记】

主诉		证据及线索	①自杀工具 ②工具在什么地方
时间			
地点	办公室	关键点	鸟笼
事件	杰克被刀片割喉	嫌疑人	杰克
人物及关系		侦查方向	

190. 奇怪的委托人

一天，福尔摩斯在另外一座城市遇到了侦探同行尼克，两人攀谈起来："最近工作不忙吗？还有时间出来旅游？"尼克挠挠脑袋说："我现在就在工作啊！前几天刚接到一个奇怪的委托，让我们调查一位女孩子，只需记录她每天的行踪。而在我跟踪这个女孩子的时候，发现她来到这座城市旅游，每天不是观光，就是逛街，再正常不过了。"

"这么奇怪，那委托人想让你调查她什么呢？"福尔摩斯问道。

"是啊！我也觉得奇怪，所以我就和那个女孩子攀谈起来，她告诉我说是一个男子给她钱，让她出来旅游的。而且那个赞助她旅游的男子竟然与我的委托人是同一个人！这让我很费解。"尼克说道。

"亏你还是侦探呢，这点儿小伎俩你都没有识破！"福尔摩斯一听大笑起来。

尼克似乎也想到了什么，连忙起身准备离去："哦，糟了。我得走了，改天再请你喝咖啡吧。"

你知道这位委托人的真正目的是什么吗？

【侦查笔记】

主诉		证据及线索	①另一个城市 ②陌生女孩的动向
时间	某天		
地点	城市	关键点	两方都收了钱
事件		嫌疑人	某男子
人物及关系		侦查方向	

191. 作案时间

一天早上，福尔摩斯刚到办公室就接到了警长的电话，在一个俱乐部里发生了一起凶杀案。福尔摩斯顾不得吃早餐就和助手华生赶往了那家俱乐部。

俱乐部的前厅地上有很多打翻的座椅，上面血迹斑斑的，看来这里是发生了一场很激烈的打斗。俱乐部的老板倒在血泊之中，看样子已经死去多时了。现场并没有发现太多的线索，但是一只被扔到地上的钟引起了福尔摩斯的注意。那是一只有摆锤报时的老式钟，钟的长短针都掉了出来，看不出时间了，应该是在打斗过程中被推倒的。

于是福尔摩斯把那只老式钟带回了办公室，经过一番仔细研究后发现，虽然钟的长短针都掉了，但是钟的内部结构没有遭到损坏，还可以正常运行。于是福尔摩斯用了一个简单的方法，就查出了凶手作案的具体时间。你知道福尔摩斯是怎么做的吗?

【侦查笔记】

主诉		证据及线索	地上的钟
时间	早上		
地点	俱乐部	关键点	钟
事件	凶杀案	嫌疑人	
人物及关系		侦查方向	

192. 越狱计划

有一个身材矮小的窃贼被捕入狱。他所在的这个监狱每个月都要举行一次文艺晚会，以便丰富那些无聊的囚犯的监狱生活。这次来了一支六个人的小型古典乐团，在监狱的操场上开起了音乐会。当演出结束乐团走后，对囚犯进行点名时发现少了一个人。

失踪的正是那个窃贼。可是，乐团从正门出去时，要在门口经过门岗的检查，来时和走时都是六个人。这真是一件怪事，典狱长找来了福尔摩斯帮忙。福尔摩斯在操场上仔细地寻找着，在角落里找到了一些特殊的木质碎片。然后和典狱长说："看，这就是窃贼逃走的关键。"

你知道窃贼是怎么逃出去的吗?

【侦查笔记】

主诉		证据及线索	①小型古典乐团 ②木质碎片
时间			
地点	监狱	关键点	音乐会
事件	窃贼在监狱失踪	嫌疑人	成员
人物及关系		侦查方向	

193. 虚假的证词

桥旁有一具溺水而亡的年轻女性的尸体。刚才在船上，用尽全力摇着船浆向桥的方向行进的男子向警察证明说："那女子从桥上脱了帽子后纵身跳进了河里，我亲眼看到的。"

但是，在此地散步的福尔摩斯立刻判断出，这名男子说的是假话。这是为什么呢?

【侦查笔记】

主诉		证据及线索	①溺水而亡的女性 ②船上的男子
时间			
地点	桥旁	关键点	
事件	年轻女孩死亡	嫌疑人	男子
人物及关系		侦查方向	

194. 纰漏

著名侦探福尔摩斯出了个案例：我有一个案子，现场被人动过手脚，受害者劳伦看起来像是自杀。劳伦的尸体是在晚上8时在公园的一张椅子上被人发现死，一颗子弹穿过他的左鬓角。他的右臂自一个月前的一次意外事故之后，从指尖到肘部都裹上了石膏。尸体被发现时，这只骨折的手臂摆在膝盖上，左手握着一把手枪。我判断凶案大约是发生于晚上7时，我从死者口袋中的东西推断他被谋杀的，然后被移尸到公园。

你一定会问，他口袋中的什么东西证明他是被谋杀，而不是自杀？实际上他的左裤袋里什么都没有，他的右裤袋里有一条纸巾和一个打火机。

你能看出凶手出了什么纰漏吗？

【侦查笔记】

主诉	福尔摩斯	证据及线索	①右臂上个月有意外事故 ②口袋中的是什么东西
时间	晚是8时		
地点	公园	关键点	一把手枪
事件		嫌疑人	
人物及关系	劳伦受害	侦查方向	

195. 查出真相

警方发现卢森被杀害了，并很快查明了凶手是约翰、乔治、汤姆和杰森四人中的某一个人（无合谋者）。但是凶手究竟是谁，卢森是在什么时候被杀害的，尸体是怎样被处理的……都还不清楚。于是警方对这四个嫌疑人进行了传讯。传讯结果如下：

约翰说："卢森在昨晚10点被杀害，作案人是乔治，作案地点是在河堤上，凶器是手枪，卢森的尸体被扔到了河里。"

乔治说："卢森在昨晚9点被杀害，作案人是汤姆，作案地点是在大桥上，凶器是刀子，尸体被扔到了河里。"

汤姆说："卢森在昨晚11点被杀害，作案人是杰森，作案地点是在河堤上，凶器是刀子，尸体被掩埋了。"

杰森说："卢森在昨晚12点被杀害，作案人是约翰，作案地点是在卢森的家里，凶器是手枪，尸体被装在箱子里扔掉了。"

四人的证词明显是互相矛盾的。经过福尔摩斯的仔细判断，得出每个人只有两条说的是正确的，其他三条都是错误的。

那么，关于凶手、凶器、作案的时间和地点以及尸体的处理方法的正确答案是什么呢？

【侦查笔记】

主诉		证据及线索	约翰、乔治、汤姆、杰森传讯笔录
时间	昨晚9点到12点		
地点	无	关键点	凶手、凶器、作案的正确答案
事件	卢森被杀害了	嫌疑人	约翰、乔治、汤姆、杰森四人中的一个
人物及关系		侦查方向	

196. 河水能喝吗

大侦探福尔摩斯来到了一个小岛，岛上有一个谎话部落和一个真话部落。一个风和日丽的早晨，由于饥渴难耐，福尔摩斯决定先找水喝。他发现了一条小河，却漂浮着一些死鱼。福尔摩斯犹豫了，不知河水是否有毒。这时，来了一位岛上的居民，福尔摩斯决定询问一下。

"天气真好啊！"福尔摩斯说道。

"啊呜啊呜。"居民回答道。

福尔摩斯又问："这水能喝吗？"同时捧起河水，做喝水状。

"啊呜啊呜。"

居民做出这样的回答，也不知是肯定还是否定。而且这个人也不知道是真话部落的还是谎话部落的。福尔摩斯陷入了沉思。

如果你是福尔摩斯，如何判断河水是否能喝？

【侦查笔记】

主诉	福尔摩斯	证据及线索	①小河上漂浮着死鱼 ②附近居民
时间	早晨		
地点	小岛	关键点	小河

事件		嫌疑人	居民
人物及关系		侦查方向	

197. 谁是头儿

警察在车厢里发现一伙人赌博，他们是杰克、海伦、艾伦、琼斯。警察在审问他们谁是头儿时，他们的回答各不相同。

杰克说："头儿是艾伦。"

海伦说："我不是头儿。"

艾伦说："海伦是头儿。"

琼斯说："杰克是头儿。"

经过了解，这一伙人中只有一个人说的是实话，其他三人说的都是假话。

警长问福尔摩斯："你知道谁是头儿吗？"福尔摩斯指着一个人说："是他。"

你知道"他"是谁吗？

【侦查笔记】

主诉		证据及线索	①杰克说："头儿是艾伦" ②艾伦说："海伦是头儿"
时间			
地点	车厢	关键点	
事件		嫌疑人	杰克、海伦、艾伦、琼斯
人物及关系		侦查方向	

198. 打靶比赛

在一次特定的打靶比赛中，参赛队每次比赛必须打七个靶，每打一靶只能用一颗子弹，靶子从1至7编号。参加比赛的是福尔摩斯的三个朋友S、T和U三名警员。比赛时必须遵守以下规则：

1. 必须按顺序打靶，从1号靶开始打起；

2. S和U既可以打奇数靶，也可以打偶数靶；

3. T不能打偶数靶；

4. S和T每次比赛所打的靶数不能少于两靶；

5. U只能打一靶；

6. S不能连打三靶。

[问题]

（1）每个警员打完自己的最少靶数之后，接下去应该打几号靶？

（A）3号靶；（B）4号靶；（C）5号靶；（D）6号靶；（E）7号靶。

（2）如果T打的靶数跟其他一个警员打的靶数一样多，那么下面哪一条一定是对的？

（A）S只能打偶数靶；（B）T必定打光所有的奇数靶；（C）U必定打一只奇数靶；（D）S和U每人必定各打一只奇数靶；（E）或者S，或者U，必定有一人打一只奇数靶。

（3）如果在一次比赛中，所有的奇数靶都被打中，而所有的偶数靶都没有被打中，那么比赛结果各警员的命中率可能是以下所给数字，哪组是错误的。

（A）S=2；T=1；U=l；（B）S=1；T=2；U=1；（C）S=O；T=3；U=1；（D）S=2；T=2；U=O；（E）S=1；T=3；U=O。

（4）在一次比赛中，如果S和T的命中率各为百分之五十，那么这次比赛中总的命中率最低应为几靶？

（A）1；（B）2；（C）3；（D）4；（E）5。

（5）如果比赛前商定好除了已知条件外再加上下列某一条件，使打靶只有一种可能，这一条件是：

（A）S将打四个靶子；（B）S只能打2号、4号和6号靶；（C）T将打三个靶子；（D）T只能打1号和7号靶；（E）T只能打3号和5号靶。

199. 律师们的供词

艾伯特、巴尼和柯蒂斯三人，由于德怀特被谋杀而受到传讯。犯罪现场的证据表明，可能有一名律师参与了对德怀特的谋杀。这三人中肯定有一人是谋杀者，每一名可疑对象所作的两条供词是：

艾伯特：

（1）我不是律师。

（2）我没有谋杀德怀特。

巴尼：

（3）我是个律师。

（4）但是我没有杀害德怀特。

柯蒂斯：

（5）我不是律师。

（6）有一个律师杀了德怀特。

警察调查后发现：

1.上述六条供词中只有两条是实话。

2.三个可疑对象中只有一个不是律师。

是谁杀害了德怀特？

提示：判定（2）和（4）这两条供词都是实话，还是其中只有一条是实话。

【侦查笔记】

主诉		证据及线索	①六条供词中只有两条是实话 ②三个可疑对象中只有一个不是律师
时间	无		
地点	无	关键点	证据表明有一名律师参与谋杀
事件	德怀特被杀	嫌疑人	律师
人物及关系		侦查方向	

200. 嫌疑人的房间号

嫌疑人史密斯租住在第十三号大街，这条大街上的房子的编号是从13号到1300号。福尔摩斯想知道史密斯所住的房子的号码，史密斯说记不清了，但他也不得不回答福尔摩斯的一系列问题。

福尔摩斯问道：它小于500吗？史密斯做了答复，但他讲了谎话。

福尔摩斯问道：它是个平方数吗？史密斯做了答复，但没有说真话。

福尔摩斯问道：它是个立方数吗？史密斯回答了并讲了真话。

福尔摩斯说道：如果我知道第二位数是否是1，我就能讲出你那所房子的号码。

史密斯告诉了他第二位数是否是1，福尔摩斯讲出了他所认为的号码，但是，史密斯说号码不对，福尔摩斯马上便知道了号码是什么。

嫌疑人史密斯住的房子是几号？

【侦查笔记】

主诉		证据及线索	①它小于500吗？ ②它是平方数吗？
时间			
地点	第十三号大街	关键点	
事件		嫌疑人	史密斯
人物及关系		侦查方向	

201. 猜珍珠

一天，福尔摩斯的朋友来到福尔摩斯家，煞有介事地对福尔摩斯说："福尔摩斯先生，人们都说你很聪明，我这里有一个问题，看你能解答出来吗？"于是，朋友拿出了三个盒子，对福尔摩斯说："这三个盒子中只有一个盒子里放着一颗我的珍珠。每个盒子上各写着一句话，但只有一句是真话，其余都是假话，请你找出珍珠在哪个盒子里。"福尔摩斯一看，第一个盒子是红色的，上面写着："珍珠在这里"；第二个盒子是蓝色的，上面写着："珍珠不在红盒子里"；第三个盒子是黄色的，上面写着："珍珠不在这里"。福尔摩斯看完了盒子上的字，略一沉思，便猜出了珍珠在哪个盒子里。朋友一听，惊讶得半天说不出话来。

你能找出珍珠在哪个盒子里吗？

【侦查笔记】

主诉		证据及线索	三个盒子里只有一个有珍珠
时间	一天		
地点	福尔摩斯家	关键点	三个盒子
事件		嫌疑人	
人物及关系		侦查方向	

202. 谁是凶手

老大葛辟莫名其妙地死了，死者的两个弟弟嫌疑很大，于是福尔摩斯请两人到警局接受调查。下面是两人在警局里对福尔摩斯说的话。

老二："如果葛辟被谋杀，那肯定是老三干的。"

老三："如果老大不是自杀，那就是被谋杀。"

福尔摩斯并不清楚老二和老三两人所说的话是真是假，但可以确定的是：

1. 葛辟可能死于意外、自杀或谋杀。

2. 如果老二和老三都没有说谎，那么这件事就是一次意外。

3. 如果老二和老三两人中有一人说谎，那么这件事就不是一次意外。

请问，葛辟的死因是什么？

【侦查笔记】

主诉		证据及线索	①葛辟可能是死于意外 ②两个弟弟都是猜的
时间			
地点		关键点	

事件	葛辟的死因	嫌疑人	死者的两个弟弟
人物及关系		侦查方向	

203. 三人专案小组

福尔摩斯要组建个专案小组。三个女警员海伦、珍妮和苏，四个男警员艾略特、乔治、伦纳德和罗伯特有资格被选入三人专案小组，除了他们之外，没有合格人选。

1. 这些人中只有珍妮与乔治有亲戚关系；

2. 有亲戚关系的人不能同时选入专案小组；

3. 罗伯特不能与任何女性共事。

[问题]

（1）如果珍妮被选入专案小组，那么其余两人应从几人中挑选？

（A）2；（B）3；（C）4；（D）5；（E）6。

（2）如果海伦和苏被选入专案小组，那么下列哪一组名单是有资格当选专案小组另一个成员的完整的准确的名单？

（A）珍妮；（B）珍妮，艾略特，伦纳德；（C）艾略特，乔治，伦纳德；（D）珍妮，乔治，艾略特，伦纳德；（E）珍妮，乔治，艾略特，伦纳德，罗伯特。

（3）如果艾略特和伦纳德拒绝参加专案小组的工作，那么专案小组的组合有几种可能？

（A）1；（B）2；（C）3；（D）4；（E）5。

（4）如果再附一个条件：专案小组成员不能全部由同性人员组成；如果乔治被选入专案小组，那么有可能当选另两位成员的候选人的总人数是多少？

（A）1；（B）2；（C）3；（D）4；（E）5。

（5）如果再附加一个条件：专案小组成员不能全部由同性人员组成，那专案小组的组合有几种可能？

（A）6；（B）2；（C）3；（D）12；（E）14。

【侦查笔记】

主诉	福尔摩斯	证据及线索	①这些人中只有珍妮与乔治有亲戚关系 ②罗伯特不能与任何女性共事
时间			
地点		关键点	谁能进入专案小组
事件	组个专案小组	嫌疑人	无
人物及关系		侦查方向	

204. 对号入座

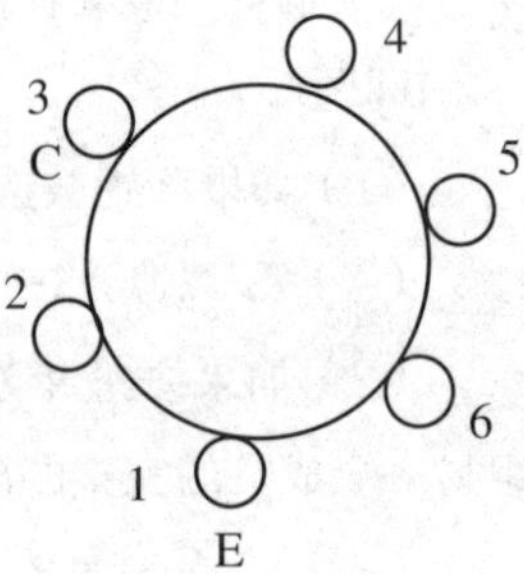

福尔摩斯的六个朋友要在一起聚餐，有A、B、C、D、E、F六人坐在一张圆桌上。由于六人之间矛盾重重，因此有些人是不能挨着坐的。已知E与C相隔一人，且E在C的右面（如右图），D坐在A对面，F与A不相邻，B在F的右面。

A、B、D、F各坐什么位置?

【侦查笔记】

主诉		证据及线索	①六人之间有矛盾 ②E与C不可相邻
时间			
地点		关键点	
事件		嫌疑人	
人物及关系		侦查方向	

205. 谁是最佳专案小组

福尔摩斯在警局做客，听到甲、乙、丙、丁四位警员在为哪组是最佳专案小组争论不休。

甲说：得金牌的不是一组就是二组。

乙说：得金牌的绝不是三组。

丙说：四、五、六组都不可能是最佳专案小组。

丁说：得金牌的可能是四、五、六组中的一组。

比赛后发现这四个人中只有一个人猜对了，你能判断出哪组是最佳专案小组吗？

【侦查笔记】

主诉		证据及线索	①得金牌的不是一组就是二组 ②得金牌的绝不是三组
时间			
地点	警局	关键点	四、五、六组都不可能是最佳专案小组
事件	·	嫌疑人	
人物及关系		侦查方向	

206. 姻亲关系

在一起集体犯罪案件中，福尔摩斯得知A、B、C、D、E五个嫌疑人为亲戚关系，其中四个人每人讲了一个真实的情况：

（1）B是我父亲的兄弟。

（2）E是我的岳母。

（3）C是我女婿的兄弟。

（4）A是我兄弟的妻子。

上面提到的每个人都是这五个人中的一个（例如：当有人说“B是我父亲的兄弟”，你可以认为“我父亲”以及“我父亲的兄弟”都是A、B、C、D、E五人中的一个）。

上述四种情况分别出自谁之口，这五个人之间是什么关系？

207. 三个珠宝箱

“请收我当您的徒弟吧！我十分想拜在您门下。”某日，一个青年来到福尔摩斯的住处诚恳地请求说。“要想当我的助手，必须经过考试才行。那么，先出个题考考你吧！”福尔摩斯说着拿出三个完全一样的珠宝箱，放到桌子上，箱盖上分别贴着标签，上面写着钻石、红宝石、蛋白石。

“现在，箱子里装的东西与外面的标签内容完全不同，不知道哪个箱子里装的是钻石，哪个里面是红宝石和蛋白石。要想使箱外的标签与箱内的东西一致，你至少要打开其中的几个箱子才能搞清楚？”

“怎么样，够难的吧？如果你能通过，我就答应你做我的助手。”

你知道至少要打开其中的几个箱子吗？

【侦查笔记】

主诉		证据及线索	
时间	某日		
地点	福尔摩斯住处	关键点	三个完全一样的珠宝箱
事件		嫌疑人	
人物及关系		侦查方向	

208. 藏宝图

福尔摩斯的朋友里德捡到一张藏宝图。于是喜欢冒险的里德跑去找宝藏，并且找到了两个奇怪的大箱子和一张字条。

字条上面写着：“这是我生前珍藏的黄金宝物。我将黄金装在其中一个箱子里。我希望能将黄金宝物传给有智慧的人。如果你的智商在130以上，相信这个问题难不倒你，不过如果你没有，你还是趁早离开吧！否则开错箱子，你就将永远与我为伴了……哈！哈！哈！黄金老人留。”

里德接着看到两个箱子上也有字条：

甲箱："乙箱上的字条是真的，而且黄金在甲箱。"

乙箱："甲箱的字条是假的，而且黄金在甲箱。"

里德马上找来福尔摩斯帮忙，福尔摩斯看完后顺利地打开了箱子。你决定打开哪一个箱子呢？

【侦查笔记】

主诉		证据及线索	①两个大箱子 ②两个纸条
时间			
地点		关键点	黄金老人
事件	里德找宝藏	嫌疑人	
人物及关系		侦查方向	

209. 富商的行踪

胡梭、巴道两人是富商梅友赤的保镖。为了保障主人的安全，他们决定要把梅友赤每天的行踪弄得神秘莫测。于是做出如下的约定：

1. 每逢星期一、二、三，胡梭说谎。

2. 每逢星期四、五、六，巴道说谎。

3. 两人在其他的时间里都说真话。

某天，福尔摩斯有急事要找梅友赤，他知道只有胡梭、巴道两人知道梅友赤的行踪，也知道他俩说谎话的时段，但却不知道哪一个人是胡梭，哪一个人是巴道。因此，要问出对的答案就必须先知道那天是星期几，如果是星期一、二、三，就不能问胡梭，如果是星期四、五、六，就不能问巴道。而如果是星期天则问谁都可以。福尔摩斯便问他们俩：昨天是谁说谎的日子？结果两人都回答说：昨天是我说谎的日子。

请问，福尔摩斯要找梅友赤的那天是星期几？

【侦查笔记】

主诉		证据及线索	①每逢星期一、二、三，胡梭说谎 ②每逢星期四、五、六，巴道说谎
时间			
地点		关键点	昨天是谁说谎的日子
事件	两人知道梅友赤的行踪	嫌疑人	
人物及关系	胡梭、巴道是富商梅友赤的保镖	侦查方向	那天是星期几

210. 叽里咕噜

某地发生了一起盗窃案件，A、B、C三人是嫌疑人，但盗窃者只有一人。负责协助调查这个案件的福尔摩斯是这样想的：肯提供真实情况的不是盗窃者；与此相反，真正的盗窃者为了掩盖罪行，是一定会编造口供的。因此，他得出了这样的结论：说真话的肯定不是盗窃者，说假话的肯定就是盗窃者。审判的结果也证明了福尔摩斯的这个想法是正确的。

审问开始了。福尔摩斯先问A：“你是怎样进行盗窃的？从实招来！”A回答了福尔摩斯的问题：“叽里咕噜，叽里咕噜……”A讲的是某地的方言，福尔摩斯假装听不懂他讲的是什么意思。又问B和C，“刚才A是怎样回答我的提问的？叽里咕噜，叽里咕噜，是什么意思？”B说：“A的意思是说，他不是盗窃者。”C说：“A刚才已经招供了，他承认自己就是盗窃者。”B和C说的话福尔摩斯是能听懂的。听了B和C的话之后，福尔摩斯马上断定：B无罪，C是盗窃者。

请问：福尔摩斯为什么能根据B和C的回答，做出这样的判断？A是不是盗窃者？

【侦查笔记】

主诉		证据及线索	①B说A不是盗窃者 ②C说A是盗窃者
时间			
地点	某地	关键点	说真话的肯定不是盗窃者
事件	盗窃案	嫌疑人	A、B、C
人物及关系		侦查方向	

211. Bal和Da是什么意思

说谎岛上住着两种外表一样而品德截然相反的人：一种人总是说真话，而另一种人却总是说假话。

这个岛的语言，同世界上其他任何语言都不一样。例如，当人们提出一个要他们回答“是”或“不是”的问题时，他们就用“Bal”或“Da”来回答。问题在于，岛外的人都不知道“Bal”的意思是“是”，还是“不是”。例如，如果问他们中的一个人：“Bal”是否指“是”？他们只是回答说“Bal”或“Da”。

福尔摩斯先生在这个岛旅游，得知这种情况后，决定弄清“Bal”和“Da”到底是什么意思。有一天，他遇见一个原住民。当然，从外表上，福尔摩斯无法判定这个原住民是哪种人。福尔摩斯就想借助这个原住民，确定“Bal”或“Da”指的是什么。于是，他就向这个原住民提出一个问题，这个原住民回答说“Da”。福尔摩斯根据这个原住民的回答，马上就推断出“Bal”和“Da”各是什么意思了。

福尔摩斯提的是什么问题？“Bal”和“Da”各是什么意思？

【侦查笔记】

主诉		证据及线索	
时间			
地点	说谎岛	关键点	
事件		嫌疑人	
人物及关系		侦查方向	

212. 牧师·骗子·赌棍

监狱看守亨利对福尔摩斯说：“真糟糕！伯金斯下班时留下一张便条，说昨天晚上，他逮捕了两个打扮成牧师的流氓，一个是骗子，一个是赌棍。可我今天早上上班时，却发现1号、2号、3号单人牢房关着的都是牧师打扮的人。现在看来，其中有一个人似乎是个真正的牧师，他是到监狱里来探望那两个误入歧途的人的，结果被误抓进来了。可是我实在分不清到底哪个是牧师，哪两个是打扮成牧师的流氓和骗子了。”

“想法子去问问他们嘛，”福尔摩斯建议道，“相信真正的牧师总是会讲实话的。”

“这话倒是不错，可如果我问到的那个人是骗子呢？据伯金斯说，这个骗子是个撒谎的老手，他从来不讲真话；而那个赌棍是一个见风使舵的家伙，他撒不撒谎要看情势对他是否有利。”

福尔摩斯和亨利一起来到了单人牢房跟前。“你是什么人？”福尔摩斯问关在1号牢房里的那个人。“我是一个赌棍。”这个人答道。福尔摩斯走到2号牢房门前，问：“关在1号的那个是什么人？”“骗子！”福尔摩斯又问3号牢房里的人：“你说，关在1号的那个是什么人？”3号牢房里的人回答说：“他是牧师！”福尔摩斯转身对看守说：“很明显，你最好释放……”

请问：关在1号、2号、3号牢房里的分别是什么人？为什么？

【侦查笔记】

主诉		证据及线索	①谁是牧师 ②谁是骗子
时间	昨天晚上		
地点	监狱	关键点	
事件		嫌疑人	
人物及关系		侦查方向	

213. 并非办案干练

福尔摩斯身边有甲、乙、丙三位杰出的女警员，她们各有一些令人注目的特点，福尔摩斯是这样描述的：

（1）恰有两位非常聪明，恰有两位十分漂亮，恰有两位多才多艺，恰有两位办案干练。

（2）每位女警员最多有三个令人注目的特点。

（3）对于甲来说，下面的说法是正确的：

如果她非常聪明，那么她一定办案干练。

（4）对于乙和丙来说，下面的说法是正确的：

如果她十分漂亮，那么她一定多才多艺。

（5）对于甲和丙来说，下面的说法是正确的：

如果她办案干练，那么她一定多才多艺。

根据福尔摩斯的描述，你能找出哪一位女警员并非办案干练吗?

提示：首先判定哪位女警员多才多艺。

【侦查笔记】

主诉		证据及线索	
时间			
地点		关键点	
事件		嫌疑人	
人物及关系		侦查方向	

214. 祸起萧墙

一天晚上，由一对夫妇和他们的儿子、女儿组成的四口之家中发生了一起谋杀案。家庭中的一个成员杀害了另一个成员；其他两个成员，一个是目击者，另一个则是凶手的同谋。

（1）同谋和目击者性别不同。

（2）最年长的成员和目击者性别不同。

（3）最年轻的成员和被害者性别不同。

（4）同谋的年龄比被害者大。

（5）父亲是最年长的成员。

（6）凶手不是最年轻的成员。

福尔摩斯根据上述线索迅速做出了判断，你知道在父亲、母亲、儿子和女儿这四人中谁是凶手吗?

【侦查笔记】

主诉		证据及线索	
时间			
地点		关键点	
事件		嫌疑人	
人物及关系		侦查方向	

215. 车辆的去向

福尔摩斯给他的三位朋友出了个有趣的问题。一共有五辆车，三个朋友分别坐在不同的车里，每辆车的后面都贴有该车目的地的标志，每个朋友都知道这五辆车有两辆开往A市，有三辆开往B市；并且他们都只能看见在自己前车的标志却不知道自己的车是去哪的。福尔摩斯让他们根据已知的情况进行判断。他先让第三个朋友猜猜自己乘坐的车是开往哪里的。这个朋友看看前两辆车的标志，想了想说“不知道”。第二辆车里的朋友看了第一辆车的标志，又根据第三个朋友的“不知道”，想了想，也说不知道。第一个朋友也很聪明，他根据第二、第三个朋友的“不知道”，做出了正确判断，说出了自己的目的地。

那么，第一个朋友乘的车是开往哪儿去的？

【侦查笔记】

主诉		证据及线索	
时间			
地点		关键点	
事件	车辆的去向	嫌疑人	
人物及关系		侦查方向	

216. 犯人的家谱

福尔摩斯在调查犯人安娜的家谱时，了解到关于她的四位祖先的一些情况：

1. 罗伊生于约翰之前；

2. 斯特拉死于罗伊之前；

3. 海泽尔死于约翰、罗伊和斯特拉之后。

[问题]

（1）如果海泽尔生于罗伊之前，下列哪个判断肯定正确？1.海泽尔比罗伊寿命长；2.海泽尔比约翰寿命长；3.海泽尔比斯特拉寿命长。

（A）只有1是正确的；（B）只有2是正确的；（C）只有3是正确的；（D）1和2是正确的；（E）1、2和3都正确。

（2）如果约翰死于罗伊之前，并且罗伊死于海泽尔出生之前，那么下列哪个判断肯定正确？

（A）斯特拉不是生活在罗伊的有生之年；（B）约翰不是生活在海泽尔的有生之年；（C）斯特拉不是生活在约翰的有生之年；（D）约翰生于并死于斯特拉的有生之年；（E）斯特拉生于并死于罗伊的有生之年。

【侦查笔记】

主诉		证据及线索	①罗伊生于约翰之前 ②斯特拉死于罗伊之前 ③海泽尔死于约翰、罗伊和斯特拉之后
时间			
地点		关键点	
事件		嫌疑人	
人物及关系		侦查方向	

217. 犯人们的语言交流

在一起跨国犯罪案件中，警方逮捕了几个国家的犯人，在福尔摩斯的审问中，每个犯人所讲的语言情况如下：

①玛莎讲一口流利的西班牙语；

②埃伦讲一口流利的英语，而且她也懂法语，但不会说后一种语言；

③保罗讲一口流利的荷兰语；

④萨拉讲一口流利的法语，而且她也懂荷兰语，但不会说后一种语言；

⑤罗伯特讲一口流利的英语和西班牙语；

⑥琼讲一口流利的英语，而且她也懂法语和荷兰语，但不会说后两种语言。

[问题]

（1）如果萨拉和琼在一起，下列哪种情况是真的？1. 萨拉可以对琼说话，而且琼能听懂她的话，但无法向萨拉回话；2. 如果保罗加入她们的谈话，她们俩都能听懂保罗的话，但无法回话；3. 如果玛莎加入她们，那么3人之间没有语言可以互相沟通。

（A）只有1是真的；（B）只有2是真的；（C）只有1和2是真的；（D）只有2和3是真的；（E）1、2和3都是真的。

（2）如何能将保罗的话翻译给玛莎听？1. 通过琼和罗伯特；2. 通过埃伦和琼；3. 通过埃伦、萨拉和罗伯特。

（A）只有1是对的；（B）只有2是对的；（C）只有3是对的；（D）1和3是对的；（E）2和3是对的。

（3）如果琼学习西班牙语，并渐渐地能流利地用西班牙语说话，那么她能给哪两个人当翻译，使这两个人互相交谈，并明白对方的思想？

（A）玛莎和埃伦；（B）玛莎和保罗；（C）埃伦和保罗；（D）萨拉和保罗；（E）萨拉和罗伯特。

【侦查笔记】

主诉		证据及线索	每人会的语言不用
时间			
地点		关键点	
事件	跨国犯罪案件	嫌疑人	
人物及关系		侦查方向	

218. 作息规则

福尔摩斯朋友的一个工厂有一个有趣的规则。这个规则是这样的：

（1）如果A来上班，B必须休息，除非E不出工。若E不出工，B必须出工，而C必须休息。

（2）A和C不能同天出工或同天休息。

（3）如果E来干活儿，D必须休息。

（4）如果B休息，E必须出工，除非C来上班。若C来上班，E必须休息，而D必须来干活。

按照上述规则，每大都要有人上班，那么七天中A、B、C、D、E应该如何分组？（每天上班的人数不一定一样，每人上班的天数也不一定一样多。）

【侦查笔记】

主诉		证据及线索	
时间			
地点		关键点	
事件	一个工厂有一个有趣的规则	嫌疑人	
人物及关系		侦查方向	

219. 手枪和枪套

六把手枪S、T、U、V、W和X要放入六个枪套，从1至6编号，按照以下条件进行排列，每个枪套内必须有一把手枪，此外，还已知：

1. 如果S排在U之前，那么T一定排在W之前；
2. 如果T排在V之前，那么W一定排在X之前；
3. 如果X排在S之前，那么U一定排在V之前。

[问题]

（1）下列哪组排列符合以上所有条件？

（A）S、U、T、W、V，X；（B）S、X、W、U、T、V；（C）V、U、T、X、W、S；（D）W、S、T、V、X、U；（E）X、V、S、U、W、T。

（2）如果六把手枪，按照W、X、S、U、T、V的排列是错误的，而颠倒其中两个毗邻手枪的位置就能纠正这个错误，那么应该颠倒哪两把手枪的位置？

（A）1号和2号；（B）2号和3号；（C）3号和4号；（D）4号和5号；（E）5号和6号。

（3）如果X、S、U分别在1号、2号、3号枪套，接下去4至6号的排列应该是：

（A）T、V、W；（B）T、W、V；（C）V、T、W；（D）V、W、T；（E）W、V、T。

（4）如果V在一号枪套，除了一把手枪之外其余手枪都可以放入6号枪套，那么这把手枪是：

（A）S；（B）T；（C）U；（D）W；（E）X。

【侦查笔记】

主诉		证据及线索	
时间			
地点		关键点	
事件	六把手枪套	嫌疑人	
人物及关系		侦查方向	

220. 百万名钻遭窃

一位富豪的百万名钻被偷了。窃贼确定是一同前来参加跨年派对的守样、桑巴、先仪、倩玛、芳同5人当中的一个。福尔摩斯调查的时候，他们都各说了3句话：

守样：

1. 我没有偷钻石。

2. 我从小到大没偷过任何东西。

3. 是倩玛偷的。

桑巴：

4. 我没有偷钻石。

5. 我家里很有钱，而且我自己有很多钻石。

6. 倩玛知道是谁偷的。

先仪：

7. 我没有偷钻石。

8. 我在毕业前并不认识芳同。

9. 是倩玛偷的。

倩玛：

10. 我没有偷钻石。

11. 是芳同偷的。

12. 守样说是我偷的，他说谎。

芳同：

13. 我没有偷钻石。

14. 是桑巴偷的。

15. 先仪可以为我担保，因为我和他从小在一起。

每个人所说的话中只有两句是真的，另外一句是假的。福尔摩斯经过仔细分析后，找出了那个偷钻石的人。

请问，到底是哪个人偷了百万名钻？

【侦查笔记】

主诉		证据及线索	①每人三句话 ②只有两句真话
时间			
地点	跨年派对	关键点	
事件	百万名钻被偷	嫌疑人	守样、桑巴、先仪、倩玛、芳同
人物及关系		侦查方向	

221. 遗产的分配

一位朋友在过世前将一份遗嘱交给福尔摩斯，继承者有五位——S、T、U、V和W。遗产为七块土地，编为1至7号。七块土地将按以下条件分配：

1. 没有一块地可以合分，没有一个继承者可继承三块以上土地；

2. 谁继承了2号地，就不能继承其它地；

3. 没有一个继承者可以既继承3号地，又继承4号地；

4. 如果S继承了一块地或数块地，那么U就不能继承；

5. 如果S继承2号地，那么T必须继承4号地；

6. W必须继承6号地，而不能继承3号地。

[问题]

（1）如果S继承了2号地，那么谁必须继承3号地？

（A）S；（B）T；（C）U；（D）V；（E）W。

（2）如果S继承了2号地，其他三位继承者各继承两块地，那么三人当中没人能同时继承下列哪两块地？

（A）1号地和3号地；（B）1号地和6号地；（C）1号地和7号地；（D）4号地和5号地；（E）6号地和7号地。

（3）如果U和V都没有继承土地，谁一定继承了三块土地？

（A）只有S继承了三块地；（B）只有T继承了三块地；（C）只有W继承了三块地，（D）S和T每人都继承了三块地；（E）S和W每人都继承了三块地。

【侦查笔记】

主诉		证据及线索	①五个继承者 ②七块地
时间			
地点		关键点	
事件	遗产的分配	嫌疑人	
人物及关系		侦查方向	

222. 嘉利与珍妮

嘉利与珍妮姐妹俩被关押在丛林监狱里，一个是因为偷窃超级市场的货物而被捕，另一个则是因为吸毒而被拘留，两人凑巧关在同一间牢房里。在愚人节这一天，姐妹俩约定：姐姐嘉利在上午说真话，下午说假话；妹妹珍妮在上午说假话，下午说真话。

嘉利与珍妮姐妹俩是双胞胎，只是高矮略有差别，很难分清谁是姐姐，谁是妹妹。所以，当福尔摩斯来调查嘉利时，他也弄糊涂了。但是他知道在这一天姐妹俩的约定。

他问道："你们俩哪个是嘉利？"

"是我！"稍高的一个回答说。

"是我！"稍矮的一个也这样回答。

福尔摩斯更加糊涂了。考虑了一会以后，他提出了一个问题："现在是几点钟呢？"稍高的一个回答说："快到正午12点了。"稍矮的一个回答说："12点已经过了。"根据两人的答话，聪明的福尔摩斯马上就推断出了哪个是嘉利。

请问：福尔摩斯去调查的时间是上午，还是下午？个子稍高的那个是嘉利，还是珍妮？

【侦查笔记】

主诉		证据及线索	嘉利上午说块话，珍妮下午说真话
时间			
地点	丛林监狱	关键点	
事件		嫌疑人	嘉利
人物及关系		侦查方向	

223. 博尔思岛上的抢劫案

一天，博尔思岛上的法庭开庭审理一起发生在岛上的抢劫案。法庭上的关键人物有三个：被告、原告和被告的辩护律师。

以下断定是可靠的线索。

（1）三人中，一个是骑士，一个是无赖，一个是外来居民，但不知道每个人的对应身份；

（2）如果被告无罪，那么犯罪嫌疑人就是被告的辩护律师或者是原告；

（3）犯罪嫌疑人不是无赖。

在法庭上，三个人分别做了以下的陈述：

被告说："我是无辜的。"

被告的辩护律师说："我的委托人确实是无辜的。"

原告说："他们都在撒谎，被告是犯罪嫌疑人。"

这三个人的陈述确实是再自然不过了。法官经过认真考虑，发现根据上述信息还不足以确定谁是犯罪嫌疑人，于是请来了有名的大侦探福尔摩斯。

了解了全部有关信息后，福尔摩斯下定决心把此案查个水落石出，不但要弄清谁是犯罪嫌疑人，还要弄清谁是骑士，谁是无赖，谁是外来居民。

重新开庭时，福尔摩斯首先问原告："你是这一抢劫案中的犯罪嫌疑人吗？"原告做了回答。福尔摩斯考虑了一会儿，然后问被告："原告是犯罪嫌疑人吗？"被告也做了回答。这时，福尔摩斯对法官说："我已经把事情都弄清楚了。"

想想看：谁是犯罪嫌疑人，谁是骑士、无赖和外来居民？在思考这个案件时，你面临的挑战看来比福尔摩斯更大，因为，你并不知道福尔摩斯向原告和被告提的问题的答案，而福尔摩斯知道（博尔思岛上的原住居民分为骑士和无赖两部分，骑士只讲真话，无赖只讲假话）。

【侦查笔记】

主诉		证据及线索	①犯罪嫌疑人不是无赖 ②被告无罪
时间	某天		
地点	博尔思岛上	关键点	
事件	抢劫案	嫌疑人	
人物及关系		侦查方向	

224. 红蓝眼睛之谜

从前，有一个很古老的村子。村里的人分为两种，红眼睛的和蓝眼睛的。村子里有一个传说：如果一个人能知道自己眼睛的颜色，晚上就可以离开村子。

现在村子里只剩下了三个人。这三个人既不能用语言告知对方眼睛的颜色，也不能用任何方式提示对方，更不能用镜子、水等一切能够反射的物质来查看自己眼睛的颜色。当然，这三个人不是盲人，他们能看到其他两个人的眼睛，但就是不能明确地告诉对方。所以他们只能每天坐在村里的广场上冥思苦想。

直到有一天，福尔摩斯路过了这个村子，他对村里的三个人说了一句话，改变了他们的命运："你们之中至少有一个人的眼睛是红色的。"说完，福尔摩斯就走了。这三个人听了之后，又面对面地坐着，直到晚上才回家睡觉。

第二天，他们来到广场，又坐了一天。结果当天晚上，就有两个人成功地离开了村子！

第三天，当最后一个人来到广场，看到另外两个人没来，便知道了他们已经离开。于是他也回家去，并在当天晚上也离开了！

那么，这三个人的眼睛分别是什么颜色的？他们又是怎样猜出来的呢？

【侦查笔记】

主诉		证据及线索	
时间			
地点	古老的村子	关键点	村子里有两种人
事件		嫌疑人	
人物及关系		侦查方向	

225. 苦酒和美酒

福尔摩斯的朋友设计了一个特殊的游戏，希望福尔摩斯能运用自己的智慧来完成这个游戏。他请两个侍者手中各拿着一瓶酒，并告诉福尔摩斯：第一，这两瓶外观上看不出区别的酒，一瓶是美酒，一瓶是苦酒；第二，两个侍者有问必答，但一个只回答真话，另一个只回答假话，并且从外表上无法断定谁说真话，谁说假话；第三，两个侍者彼此间都互知底细，即互相之间都知道谁说真话或假话，也知道谁拿苦酒或美酒。现在只允许福尔摩斯向两个侍者中的其中一个提一个问题，然后根据得到的回答，判定哪瓶是美酒并把它一饮而尽。福尔摩斯略微思考，提出了一个巧妙的问题，并喝下了美酒。

如果你是福尔摩斯，你将如何提问，并找出美酒呢？

【侦查笔记】

主诉		证据及线索	
时间			
地点		关键点	苦酒和美酒
事件	特殊游戏	嫌疑人	
人物及关系		侦查方向	

226. 谁是无辜者

福尔摩斯受到邀请调查一件谋杀案。有三个嫌疑人，其中一人是凶手，一人是帮凶，另一人是无辜者。下面三句话摘自他们的口供记录，其中每句话都是三个人中的某个人所说：

（1）甲不是帮凶。

（2）乙不是凶手。

（3）丙不是无辜者。

上面每句话所指的都不是说话者自身，而是指向另外两个人中的某一个。上面三句话中至少有一句话是无辜者说的，而且只有无辜者才说真话。

福尔摩斯从他们的话语中就判断出了谁是凶手，谁是帮凶。你知道谁是凶手，谁是帮凶吗？

【侦查笔记】

主诉		证据及线索	①甲不是帮凶 ②乙不是凶手 ③丙不是无辜者
时间			
地点		关键点	
事件	谋杀案	嫌疑人	三个嫌疑人
人物及关系		侦查方向	

227. 小饰品

有一天，在福尔摩斯家做客的三个朋友汤姆、珍妮、凯瑟琳都很喜欢他的一件小饰品，福尔摩斯准备送给朋友，但是小饰品只有一件。于是福尔摩斯准备了一个小游戏，谁获胜小饰品就归谁。福尔摩斯对他们说："我准备在你们每个人头上戴一顶红帽子或蓝帽子。在我叫你们把眼睛睁开以前，都不许把眼睛睁开来。"福尔摩斯在他们的头上各戴了一顶红帽子。福尔摩斯说："现在请你们把眼睛都睁开来，假如看到有人戴的是红帽子就举手，谁第一个推断出自己所戴帽子的颜色，小饰品就给谁。"三个人睁开眼睛后都举了手。一分钟后，珍妮喊道："我知道了，我戴的帽子是红色的。"

珍妮是怎样推论的？

【侦查笔记】

主诉		证据及线索	凯瑟琳举手，说明珍妮和汤姆有一个人是红帽子
时间	有一天		
地点		关键点	
事件	小饰品	嫌疑人	
人物及关系		侦查方向	

228. 不入歧途

福尔摩斯到一座风光优美的山丘旅游，山脚下有一个三岔路口，其中有一条路是旅游者来时走的路，它是从公路上延伸过来的，而另外两条路则沿着山脚朝相反方向延伸。这两条路中，有一条会指引你登上风光无限的山顶；另一条路则前途叵测，因为它通向毒蛇出没的山谷，而且路上危险重重，误入者九死一生。在三岔路口处没有插立任何路标，却站着一对长得一模一样的双胞胎兄弟。他们两人中，一个始终讲真话，另一个永远讲假话。不过，旅行者无法分辨谁真谁假。

现在，福尔摩斯希望不走错路，能够登上山顶去，他只向双胞胎问了一句话，就判断出了正确的上山之路。福尔摩斯问了什么？

【侦查笔记】

主诉		证据及线索	两条延伸的路
时间			
地点	山丘	关键点	
事件		嫌疑人	
人物及关系		侦查方向	

229. 中箭之谜

福尔摩斯刚回到家里，就接到一个电话，说昨天晚上10点有个学生死在宿舍楼门前。

福尔摩斯赶到现场，只见死者倒在学生宿舍楼正门外，头朝门，脚朝大道，趴在地上，背部垂直射进一支羽箭。显然，死者是外出归来正要开门的时候，背后中箭而死去的。

福尔摩斯轻轻地翻动了一下尸体，发现尸体下面有三枚50便士的硬币，在灯光的照耀下闪闪发光。福尔摩斯随即检查了死者的衣兜，发现死者的钱夹里整整齐齐地放有10便士和50便士的硬币。

福尔摩斯站起身，问站在一旁的宿舍管理员：“这栋楼有多少学生居住？”

“现在正是暑假期间，学生们都回家了，只剩下乔治和杰森两人。这两人都是射箭选手，听说下周要进行比赛。”管理员讲到这里，抬头看了看学生楼，指着对着正门的二楼房间介绍说，“那就是杰森的房间。”

“10点左右，杰森从二楼下来过吗？”“没有，一次也没有。”管理员摇头答道。

福尔摩斯来到杰森的房间。杰森刚刚睡醒，揉着蒙眬的睡眼，吃惊地说：“怎么，你怀疑是我杀害的乔治吗？请不要开玩笑，乔治是正要开门的时候，背后中箭死的！就算我想杀死他，但从我的窗口里只能看到他的头顶，是无法射到他的背部的啊！”

福尔摩斯走到窗口，探出身子，看了一眼，便转过身，拿出三枚50便士的硬币，对杰森说：“这是不是你的？也许上面有你的指纹！”

杰森一看，结结巴巴地说：“可能是我傍晚回来，不小心从兜里掉出来的。”

福尔摩斯摇摇头，对杰森冷冷一笑，说：“不，不是无意中掉出来的，是你故意设下的陷阱！”说完，福尔摩斯便请警长以杀人罪逮捕了杰森。

福尔摩斯如何判定杰森是凶手？

【侦查笔记】

<table>
<tr><td>主诉</td><td></td><td rowspan="2">证据及线索</td><td rowspan="2">①尸体下面有三枚50便士的硬币
②杰森没有从二楼下来过</td></tr>
<tr><td>时间</td><td>晚上10点</td></tr>
<tr><td>地点</td><td>宿舍楼门前</td><td>关键点</td><td></td></tr>
<tr><td>事件</td><td></td><td>嫌疑人</td><td>杰森</td></tr>
<tr><td>人物及关系</td><td></td><td>侦查方向</td><td></td></tr>
</table>

答 案

001. 自作聪明的凶手

窗口不可能会出现影子。汤姆说“亚斯老师书房的窗口有个影子”是在撒谎！因为桌上台灯的位置是在亚斯老师和窗口之间，不可能把站在亚斯老师背后凶手的影子照在窗子上。

002. 熟悉的声音

原来那个陌生人就是出现在侦探社的人。他与绅士妻子有着不寻常的关系，害怕被绅士知道，故假扮绅士，向福尔摩斯侦探社求助，并捏造出年轻小姐与法国男友。当晚，绅士妻子先打开窗户，而后离开，制造不在场证据，陌生人潜入卧室，把绅士杀害。如果被害者的脸保护完整，他的计划就会失败，因此，他把被害者毁容，又放下一份法文报纸，假装自己是个法国人，以扰乱警方的侦查视线。两人准备开始“幸福”的生活时，谁知，因为他的声音，终被福尔摩斯识破。

003. 化学家的声明

威廉在声明里说自己是个化学家，失窃那天晚上放在桌子上的那瓶酒有毒，谁喝了，不出5天必定毒发身亡。他请拿了那幅画的朋友尽快到他家服解毒药，否则，会有生命危险。

004. 潦草的遗书

福尔摩斯看到小鸟还在笼子里便断定老人不是自杀，因为既然死者是爱鸟协会的会长，在自杀之前应该会将小鸟放飞，给它们自由。爱鸟人士对小鸟的爱要超出常人很多倍，而把小鸟关在笼子里饿死是不合常理的。

005. 凶手是谁

凶手是死者的侄子。因为如果富豪是另外两个人杀死的，他们会将尸体投入大海毁灭证据。而侄子为了得到遗产才会刻意留下尸体。因为如果富豪仅仅是失踪，他的财产无法被继承。

006. 盯梢失败

女职员就是另一犯罪集团的接头人，而广播只是掩饰而已，其实他们已在交谈中互通了信息。

007. 指纹破案

福尔摩斯发现遗书有被擦过的痕迹，铅笔末端的橡皮也曾被使用过，但铅笔上却只有亚斯在握笔处留下的指纹。按照常理，曾用铅笔写遗书，又曾用橡皮擦，指纹不应只出现在笔尖一端，起码在铅笔上下两端都应该有指纹。这证明亚斯的指纹是被人印上去的。

008. 巧寻窃贼

因为关闭了门窗，点燃了壁炉，屋里的温度升高，人就容易出汗，而人的汗液里含有盐分，那个偷拿钻石的人的手会因接触过特制的液体而变成蓝色。

009. 被谋杀的富商

杰夫是习惯用右手的，所以若他真的是自杀，右手应该在临死时握着手枪，而不是一支笔。

010. 中断的足迹

小偷得手后，随即离开现场。当他沿来的路线走到一半时，灵机一动，踩着之前的脚印向后退，逃离现场。

011. 惨死的职员

凶手就是左撇子。医生用左手跟福尔摩斯握手，不一定说明他是左撇子；而经理右手拿烟盒，用左手点烟，说明经理是左撇子。所以经理是凶手。

012. 谁偷了黑钻石

被虫咬伤右手拇指的客人偷了黑钻石。因为珍宝箱的封条是用糨糊贴上去的，糨糊的主要成分是淀粉。客人手指被虫咬伤后涂上了碘酒，应呈黄色，当其开启封条偷窃钻石时，右手拇指上的碘酒与淀粉发生了化学反应，手指由黄色变成了蓝黑色。

013. 破绽百出

长途旅行的行李非常简单，三人是去旅游的，却是商人的打扮，而且对旅游的路线和当地风土人情都回答得语无伦次，这一点违背常理。

014. 绑架者的真面目

这名凶手是赎金寄达地点邮局的邮差，因为除他以外，没有人能够收到，而且不会引起怀疑。办理邮包业务的负责人也可能拿到赎金，但无法确定董事长在哪一个邮局投寄赎金，所以能够收到邮包的只有收件当地的邮差。

015. 奇怪的脚印

由于杜芙是芭蕾舞教师，因此案发当日，她是穿着芭蕾舞鞋，用脚尖走路来到网球场，然后将死者杀害，再坐在尸体上换回高跟鞋，顺着现场遗留下的芭蕾舞鞋的印迹走回去。

016. 凶手就是他

马丁在杰森不在家的这段时间中，训练狗一听到电话铃响，就立刻袭击人。星期一的早晨，马丁将狗带到杰森家，然后到实验室上班。到了中午，马丁打电话给杰森。狗听到电话铃声，就依受训时的习惯对杰森发起进攻。

017. 日本刀杀人案

是用弓箭射出的。如果留意凶器日

本刀上没有护手，谜题就解开了。也就是说，凶手是将日本刀当作箭，在10米以外用力拉弓射出来的。

018. 他还是她

使用抽水马桶不必用坐垫的当然是男人。所以，凶手要在Y女士的男性朋友中去找。

019. 聪明的福尔摩斯

安尼是盲人，停电与否对她影响不大，上下楼梯是轻而易举的，不用别人帮助，所以一听便知道那名男子在说谎。

020. 一定不是猫叫

如果杰森确实是10分钟前才开车回家的，车底下的沙土地应该是湿的，然而情况恰好相反。这说明他3个小时内根本没出去。

021. 露出马脚的凶手

桑尼声称他除了电话什么也没碰过，并且说罗卡冲动地拉开抽屉，拿出手枪抢先向他射击。但是，即使是一个最稳重细致的人在这种情形之下也不会先关上抽屉再开枪，警长不是发现抽屉是关着的吗？

022. 两盘蓝莓饼

福尔摩斯认为安娜没有吃下放了药的蓝莓饼，所以案发时她是清醒的。如果她吃过蓝莓饼，她的牙齿在15分钟后不会那么洁白光亮，而会因吃蓝莓饼变色。

023. 绸被破案

船尾上晒着一条新洗的绸被，绸被上聚集了很多苍蝇。因为人的血迹虽然可以洗掉，但血腥气难以洗掉，那么多苍蝇聚在上面，很可能是因为上面有血腥气。而且，绸被不是拆去被罩再洗，而是连同被罩一起洗，也非常可疑。

024. 自杀

首先，在一楼看不到三楼的人脚下的凳子。其次，妻子见到丈夫上吊第一反应应该是把他放下来施救，而不是让他在那儿吊着。

025. 被忽视的地方

密码在信封上贴着的邮票的背面。

026. 芝加哥美术馆的失窃案

东西海岸相距甚远的美国，虽是同一国家，却有四个标准时间。即东部、中部、山岳地带及西部标准时间。芝加哥与纽约有一个小时的时差。福尔摩斯看了神偷的手表，发现比纽约时间（东部标准时间）慢一个小时，便知道了此人去过芝加哥（中部标准时间）。神偷从芝加哥驱车，进入东部标准时间带后，忽略了手表慢了一个小时。

027. 小偷的破绽

小偷忘了关灯。

028. 书房里的秘密文件

原来秘密文件藏在灯罩内。当警长打开书房的台灯时，秘密文件的影子立即在灯下投射出来。

029. 照片的破绽

嫌疑人自称“自拍下了开启啤酒的一瞬间”，但是福尔摩斯看到照片上的他在打开罐装啤酒时，罐子口上没有泡沫，于是断定照片是伪造的。因为海拔3500米的山顶上气压较低，啤酒一打开，泡沫就会冒出来，况且，啤酒罐是放在背包里带上山的，经过一路摇晃，打开时更容易冒出大量泡沫。

030. 认马妙法

福尔摩斯让工作人员在那匹马身上做了记号，放进马群里，再让A、B农场的主人去辨认，如果真是这匹马的主人，很容易就会从众多的马匹中认出自己的马来。

031. 谁是凶手

是肥矮的秃头男士，因他身材矮小，坐在沙发上会被窗遮盖着，看不到他的样貌，只能看到升起的烟雾；如果是身材高大的那位男子，他坐下后，女用人会看到他的样貌。

032. 雪地足迹

福尔摩斯看到院子里犯罪嫌疑人留下的胶鞋印清清楚楚，就知道谁是真正的犯罪嫌疑人了。因为那个院子很潮湿，像昨天夜里那样的低气温应该会结霜。所以如果是昨天夜里潜入室内作案的话，鞋印肯定会因地面结霜而走样，变得不清楚。与此相反，鞋印清楚得连花纹都清晰可见，这说明是天亮之后也就是霜融化之后作的案。这样，真正的犯罪嫌疑人就是今天上午11点半左右在现场徘徊的梅森。威尔因从深夜1点到中午过后有不在现场的证明，所以是清白的。

033. 奇怪的证言

镜子只有60厘米高，退后几步根本无法照到全身。

034. 糊涂的职业杀手

如果是死者生前打的字，打印机上应该留下死者的指纹。

035. 钥匙的藏处

因为钥匙的隐藏地点是外人想象不到的，谁会想到钥匙会藏在狗的脖圈中呢？即使有人注意到了，可这只狗是受过训练的，主人家以外的人是很难靠近的。如此说来，能顺利取走钥匙的只能是失主家里的人。

036. 郁金香开了

郁金香一到夜里花就合上，灯光照射十五六分钟会自然张开。福尔摩斯进门时，花瓣是闭着的，而现在张开了。这说明书房在福尔摩斯进来前一直是黑着的，威尔无法读书。

037. 一根白色的细毛

证据就是那根白色的细毛，福尔摩斯将细毛带回去后，鉴定是白鼠身上的毛，为了麻痹犯罪嫌疑人，他故意制造假新闻，说盗窃者已被抓获。而后，他又以高额酬谢为诱饵，让犯罪嫌疑人自投罗网。

038. 墓石移位

在入冬的时候，由于下雨、落雪，坑里积了水，到夜晚就结成冰。白天，这坑里南面的冰因受太阳的照射温度升高，又融化成水，而北面由于没有太阳照射，仍结着冰。这样，北面的水结成冰，而南面的冰又融化成水，沉重的球面便渐渐地出现倾斜，从而非常缓慢地向南移动。其正面的十字架，必然也会渐渐地被隐埋起来。这种物理现象，就是男爵的墓石移动的原因。

039. 初春命案

蛇类是靠冬眠度过冬天的。能够采春天的山野菜的时节，蛇还没有结束冬眠，是不会出来袭击人的。

040. 深夜里的昆虫

凶手是保罗。保罗说那天夜里大卫的房间的灯是开着的，而福尔摩斯发现昆虫集中死在烧杯的附近，这说明那天夜里屋内没有开灯。因为如果房间里开灯，昆虫有趋光性，它们会围着灯泡飞，时间长了，一些昆虫就会死在电灯下面。

041. 大丽花

大丽花意味着背叛。有些花草是有特定含意的：

石竹——爱慕

菊花——真实

八仙花——见异思迁

君影草——幸福

紫花地丁——诚实

水仙——自爱

大丁草——拒绝

月桂冠——荣誉

橄榄——和平

牡丹——富贵

银莲花——追思

紫苜蓿——幸运

樱花——希望

香豌豆花——喜悦

042. 非同一般的狗

因为狗是分辨不出红色和绿色的，所以，牧羊犬梅森不可能知道信号旗或秋衣是红色的。而且，狗很难知道人类即将要做出的动作和意图。

043. 智审德国间谍

福尔摩斯说的那番话，用的是德语，他从“流浪汉”露出的笑容中发现了破绽。“流浪汉”的真实身份暴露了。福尔摩斯利用人的潜意识心理，转移德国间谍的注意，通过释放的错觉，使“流浪汉”在无意之中露出得意忘形之色，这是一场典型的心理战。

044. 谁是凶手

是甲。因为左轮手枪的子弹壳会留在手枪里，而自动手枪的子弹壳会自动弹出来。

045. 揭穿谎言

根据一般门的厚度，透过锁孔不可能看到房间里面的两侧，所以福尔摩斯判定女用人说的是谎话。

046. 失窃的海洛因

是那个新来的实习生。因为樵夫应该不会认识海洛因的化学式，所以分不清哪个才是海洛因；而地质学教授可能会知道，但是他摔断了腿，在被保安追的时候不可能逃掉。所以只有那个新来的实习生满足条件。

047. 煤气自泄之谜

富豪戴着手套打开煤气灶开关后，用冰激凌堵住煤气出口，过一段时间后，冰激凌融化，煤气就泄漏出来，完成了延时自泄。

048. 挑战

福尔摩斯把手绢放在房门下面，让华生站在屋内手绢的一角上，然后关上门，自己站在门外的另一个角上，华生在屋子里无论如何也碰不到自己了。

049. 车站的嫌疑人

第四个人。因为福尔摩斯想到嫌疑人跑了很长一段路，一定气喘吁吁，而这六个人中，只有第四个人在大口大口地喘气，并试图用跑步取暖来掩饰，因此可以判断这个人就是嫌疑人。

050. 小空船

那天风很大，别的船都被吹得摇摇晃晃，只有那只小船摇晃得很轻，说明它很沉，应该是载了很沉的物品，可船上却空空的，因此船底板内肯定藏东西了。

051. 狡猾的走私者

自行车。经常使用的自行车轮胎花纹会有磨损，而这辆自行车轮胎的花纹却是崭新的。

052. 脸上的谎言

年轻人声称他昨天刚刚刮去长了几个月的络腮胡子。但他面孔黝黑，下巴呈古铜色。如果他真的在阳光下待了数月而未刮胡子，那长胡子的地方就应显得白净些。

053. 农场主遇害

年轻人声称自己是刚到现场的，但他却能发现烤盒中烤得发黑的耳环，这个耳环有可能是年轻人无意中掉落的，所以年轻人说自己没来过农场是在说谎。

054. 月季花盆里的阴谋

清晨花圃里的花应该有露水，后放的花则没有，福尔摩斯找到那盆没有露水的花就是罪证。

055. 智查走私者

这位金发女郎将黄金做成极细的长丝编在了头发里。

056. 车号谜团

被车撞后仰面倒在路上的男子，将逃跑车辆的号码看颠倒了，“6198”的数字如果颠倒过来看就成了“8619”，也就是说，肇事汽车的车牌号是“8619”。

057. 目击证人

目击者说他看见劫匪通过商店接货口的门逃走的，这是不可能的，因为接货口的门只有在接收货物时才会打开，平常是锁着的。福尔摩斯勘查时也发现这个门是锁着的，这段时间商店也没有接收货物，劫匪是不可能拉开这个门的。所以目击者与劫匪一定有关系。

058. 豆腐能打伤人吗

喝醉酒的男子说的是真话，因为这块豆腐是冻豆腐，冻成像石头一样硬的豆腐当然可以打伤人。如果是一块普通的豆腐，地毯就不会湿一大片。

059. 失车之谜

在汽车的玻璃上放上“违例泊车”的牌子，然后再用拖车将汽车拖走。

060. 故布疑阵

杰克从商店橱窗里面拿走钻石戒指，然后又用那枚钻石戒指去割破橱窗玻璃，故意造成有人盗窃的假象，欺骗警方。

061. 作案时间

短针的一个刻度间隔，相当于长针的12分钟。短针正对着某一个刻度时，长针可能是0分、12分、24分、36分或48分中的任一位置上。分析了这种情况，就可以推断出手表上显示的是2时12分。

062. 雪茄烟之谜

在天文望远镜的粗筒里，只放着一个长焦距物镜。凶手杀害了被害人后，在烟灰缸里又放上一支雪茄烟，在桌子和窗户之间架上天文望远镜，并调好了望远镜，让从窗户射进来的阳光通过天文望远镜在下午3点50分焦点正好照在烟头上，然后于下午1点半左右离开现场。这样，下午3点50分左右，阳光的焦点就照射到雪茄烟的烟头并点燃了它，所以当下午4点发现尸体时，燃着了的烟灰就多了，让人看起来作案就发生在10分钟之前。这样，在这段时间，没有作案时间的凶手自然就会被排除嫌疑。

063. 不同的时间

12点零5分。计算方法很简单，从最快的手表（12点15分）减去最快的时间（10分钟）就行了。或者将最慢的手表（11点40分）加上最慢的时间（25分钟）也可以。

064. 菲亚的暗示

菲亚临死前用手指在大理石浴缸的外壁上写下了杀人凶手的姓名，因为当时卫生间正好有热气。当福尔摩斯打开淋浴器，卫生间重新充满热气后，浴缸外壁上的字就清晰地显示出来。

065. 奇怪的客人

店主一去喂马，店里的人也都跟着前去看热闹，福尔摩斯便能够坐到火炉边烤起火来。

066. 被忽略的财富

上校忽略了那几封信上的邮票。因为那几封信的信封上的邮票可能是一种稀有邮票，每枚价值数万英镑。

067. 保龄球命案

约克在莲娜发第五球失准后，利用自己是球场保龄球机管理员的便利条件，把毒针插在球的指孔中，然后把球运回球轨，待莲娜打完补中后，又偷偷把针拔去，将球又运回球轨。

068. 消失的脚印

凶手作案时留在沙滩上的脚印被海水冲走了。姑娘死于晚上落潮前后，凶手在海水边上作案，杀死姑娘后原路返回。第二天早晨，姑娘的尸体被冲上岸。凶手由海里潜水而来，作案后又潜水而去。

069. 致命晚餐

罗拉先在饭菜里加了很多盐，再把毒药倒在冰上，并通知女侍应在雪柜中取出冰放在水中。约翰感到口渴，女侍应就送上加了有毒冰块的清水，约翰喝光了第一杯冰水后又要了一杯，当女侍应再送上第二杯水时，罗拉就把第一个水杯迅速冲洗干净，所以警方找不到下毒的证据。

070. 照片证据

凶手利用底片反洗照片来做不在场的证据。其实拍照时间是当天上午9点，反洗照片后，看起来就像下午3点一样。

但是细心的福尔摩斯发现，照片上凶手穿的衣服纽扣是左右颠倒的，所以福尔摩斯知道这张照片是伪造的证据。

071. 公园里的尸体

因为在死者身下压着的那张报纸是周日的，而死亡时间却是周六晚上。

072. 消失了的凶器

凶器是那名女大学生的长头发。

073. 里程表之谜

福尔摩斯观察到这是一辆老式的货车。这种老式货车是采用机械方式来计算里程的，原理是通过传动系统输出端的转速知道车轮的转速。但是，这种计算方法只计算单一方向，也就是说只记录前进方向。这种车在倒车时是不会显示车速的，里程表中有防反转装置，所以里程表数值也不会减少。因此，盗贼是一直倒着开车把钢琴运走的。

074. 脱口而出

约翰一再说他不认识杰克，但他却说出了杰克的全名威尔斯·杰克，所以，他和杰克是认识的。

075. 间谍小说家的离奇死亡

福尔摩斯看到熄灭的蜡烛而断定小说家杰西不是自然死亡。如果杰西真是因为太沉湎于小说的情节，精神紧张，而导致心脏停搏猝死的话，那么第二天早晨发现尸体的时候，蜡烛应该还在继续燃烧至烧尽熄灭才对。

076. 口袋里的金币

杰克口袋里只有一枚金币，不可能发出叮当的声响。

077. 路遇抢劫者

福尔摩斯将手表分别在两个人手上试戴，根据表带洞扣痕迹，他判断出了谁是那只手表的主人，谁是抢劫者。

078. 报警的数字

比利留下的这串数字指代了7、8、9、10、11这5个月份的英文单词的词头：J-A-S-O-N，这说明绑匪是JASON（贾森）。

079. 空罐头盒

凶器是未开封的菠萝罐头。汤姆正是用未开封的菠萝罐头猛击被害者的头部，令被害者当场毙命。此后，他立刻打开罐头，把里面的菠萝狼吞虎咽地全部吃光，使之成为一个空罐头盒子。但汤姆吃掉的菠萝，并不会那么快就消化完。

080. 话中有话

福尔摩斯是琳达的朋友，所以他知道，琳达是独居，没有哥哥。当琳达得知门外是福尔摩斯时，便故意说她哥哥也问福尔摩斯好，福尔摩斯就明白是怎么回事了。

081. 电梯里的飞剑

凶手就是画家杰伦先生的秘书。这幢房里原来就只有杰伦先生和他的秘书。秘书预先在短剑的柄上系了一根长而粗的橡皮筋，使它穿过电梯的通风孔，将橡皮筋的头系在对重上，短剑悬空吊着。当杰伦先生乘电梯从4楼下降时，对重上升，橡皮筋被拉断，短剑就像箭似的落下，刺中坐在轮椅上的画家。在狭窄的电梯里，轮椅上的人只可能坐在固定的某一位置上，这样凶手就使短剑落在预定的目标上。

082. 真正的行凶时间

凶手行凶的时间是7点36分。指针相差两刻度差距的时间，是4点24分与7点36分，但是这里只有7点36分最正确。你如果不相信的话，可以用你的手表做个实验。因为阿里是在当天晚上发现火灾的，所以行凶的时间一定是7点36分。

083. 假意露手枪

福尔摩斯假意将身体和头侧向旁边一个漂亮的女乘客身上，像是瞌睡的样子。那正昏昏欲睡的女乘客被他粗鲁的动作惊醒了，厌恶地推了他一把，还咕噜了一声："不懂礼貌！"福尔摩斯像是被惊醒的样子，一手从裤袋里带出了那支玩具手枪，又"欲盖弥彰"地赶紧将"手枪"塞进裤袋。几个彪形大汉吃不准这个"带枪的人"是什么角色，总之感觉那锃锃发亮、闪闪发光的铁疙瘩是个真家伙，他们不敢鲁莽，尽管自己身强力壮人多势众，但也经不住真枪实弹啊，于是就退却、罢手了。

084. 是否被"调包"

暴发户拿起真钻石假装端详的样子，趁店员不注意，迅速用口香糖将它粘到桌子背面，然后取出假钻石故意掉在地上，好让店员去捡……

085. 轮胎痕迹

犯罪嫌疑人把福尔摩斯助手停在A公寓停车场上的车轮胎卸了下来，换到自己的车上，作案后再把轮胎换了回来。这样一来，犯罪嫌疑人即使用自己的车去作案现场，现场留下的轮胎痕迹也是别人的车留下的，所以无须担心自己的车会露出破绽。

086. 假借据

因为我们在写借据等有数字的凭据时，不可能只用阿拉伯数字，都会加上大写的数字，以免被人在前后加上别的数字。所以这个借据一定是假的。

087. 嫁祸他人

因为莉莉娅小姐的头发是昨天新修剪的，所以发梢很齐。而留在死者手上的头发的发梢是圆的，也就是说它们是修剪之前的头发。所以一定是有人嫁祸。

088. 后花园里的谋杀案

任何人爬树都不会脚尖向上爬。脚底板被大树刮破，伤痕应该是横纹，而不是直线形的。

089. 是自杀还是他杀

因为如果是自杀的话，伤口应该是外深里浅，从里面割下的。而从外面割的话，会形成里深外浅的伤口。

090. 识破小偷

福尔摩斯看到那条狗跷起后腿撒尿，便立刻识破了那个男子的谎言。

因为只有公狗才跷起后腿撒尿，而母狗撒尿时是不跷腿的。然而，那个男子却用"玛丽"这种女性的称谓叫那条公狗。如果他真是这家的主人，是不会不知道自己家所豢养的狗的性别的，也就不会用女性称谓去喊公狗了。

由于这条狗长得毛茸茸的，小偷从外表上根本看不出它的性别，便随口胡乱用了女性的名字叫它。

另外，这条狗之所以对小偷很温顺听话，就是因为他进来时喂了它几片肉。

091. 消失的杯子

福尔摩斯把围着的毛线围巾拆开，用长长的毛线穿过玻璃杯的柄，慢慢地把杯子从窗户放到地面，然后松开线的一头，把毛线收回，装在口袋里。这样做就可以了。

092. 台长的密室

凶手是L先生。他在节目间隙的3分钟离开拍摄现场，快速跑到9楼位于台长所在的那间房间正上方的一间房间内，他用手机打电话给台长说："我现在要自杀，就从你上方的房间跳下去。"这时，台长必然会从窗口探出头向上看，L趁机将台长枪杀。台长死后，尸体滑下，蹲坐在墙边，造成了密室杀人的现象。

093. 不在现场

凶手在死者吃了安眠药之后，就在塑胶管上放了一大块冰块，然后打开煤气开关。这样一来，由于冰块的重量将塑胶管压扁，煤气便出不来了。随着时间的推移，冰块因融化而变轻，压在塑胶管上的力量也减轻，所以煤气便泄漏出来了。凶手就利用这段时间，故意制造车祸让警察捉住，这样他就有不在场的证明了。管理员发现尸体时，冰块已经完全融化了，地板上有水渍正是这个缘故。

094. 消失的犯罪嫌疑人

其中一名犯罪嫌疑人等在那里，另一名犯罪嫌疑人拿着对方的鞋子走向悬崖，然后换上另一人的鞋子，退着走回来，之后两个人一起逃走了。

095. 两根金属棒

拿着其中的一根靠近另一根的中间，如果有吸力，那拿着的这根就是磁铁棒。

096. 3个10分钟

第2个10分钟里沙漏上面的沙还剩很多，而且很快就开始开第3个保险柜，那时候沙漏的沙子还未完全掉到底下就被直接倒了过来，所以第三次沙漏中的沙子落完的时间，并不足10分钟。

097. 巧妙分汤

由分汤的人把汤分成8份，剩下的7个人先选择，最后剩下的那一份留给分汤的人，这样分汤的人为了自己的公平，就必须把汤分得平均。

098. 错误百出的案例

共有3处错误：（1）中午当太阳高悬天空时，不论树木多高多矮，都不会有阴影。（2）水源是靠地下水补充的，是没有潮流的。（3）贩毒者开始往回划时是“午夜刚过10分钟”，因此“午夜时分”巡逻队不可能在对岸发现他们的船。

099. 族长的规矩

在比赛路程的中间放置一些特制的小牌子，只有拿到牌子回来的才算成绩。

100. 鱼缸的证言

玻璃鱼缸里面养的是热带鱼。福尔摩斯看到热带鱼在欢快地游动，便识破了这个女人的谎言。因为在下大雪的夜里，如果真停了一夜的电，那么鱼缸里的自控温度调节器也会断电，到清晨时，鱼缸里的水就会变凉，热带鱼也就会被冻死了。

101. 邮票失窃

邮票贴在电风扇的叶片上。

102. 逼真的赝品

可以从手套外形看到左手只有四根手指。假如犯罪嫌疑人要人们以为自己左手五指齐全的话，就应该用纸或别的东西将那只手套的小拇指塞满。

103. 集邮家之死

福尔摩斯意识到凶手可能正拿着集邮家桌子上的放大镜，放大镜是检视集邮品必不可少的工具，而集邮家桌子上正缺少这件工具。

104. 请假

星期五。用排除法把不满足的时间排除掉，很简单就可以判断出来。

105. 智识假现场

第一，助手看到了死者脚上的新皮鞋，但没有注意到鞋底的花纹为何那般清晰可辨。这说明死者并没有穿着新皮鞋在泥地上行走，也就不存在死者在泥地上滑倒摔伤的可能了。第二，死者的手指搭在电线的断头上，仿佛在告诉人们，此人是触电而亡。可是假象的制造者们恰恰忘了一点：人的手指背触电是不会致死的，因为指背一触电，手的筋会向里收缩，即可脱离电线。所以，由此推断死者是被凶手杀害后弄到此处，而且故意弄脏了衣服，制造了这么个假现场。

106. 损失是多少

亚桑的实际损失是1000英镑，亚桑找给顾客200英镑以后，自己还剩下800英镑，只要他再添200英镑就可以和家具店老板结清。加上手表的价值800英镑，他在这笔交易中损失了1000英镑。

107. 河畔谋杀案

波特是颈骨折断后当场死亡的，他根本不可能在地上留下字迹。所以，“Y”字是凶手写的。可以肯定不是拉维尔，因为拉维尔根本不认识这三位考古者，当然不可能知道“Y”这个字母。亚瑟也不是凶手，如果是他，就不会留下自己名字的符号。不错，凶手是斯特劳，他将三人中的一个杀害，嫁祸于另一个人，目的是将三个人的研究成果据为己有。

108. 识破诡计

因为福尔摩斯知道摩尔先生在说谎，这一切根本就是一个自导自演的骗局。福尔摩斯在替摩尔先生松绑时，发现捆绑方法非常简单，他轻而易举地便解开了，相信就连摩尔先生自己也能解开。但如果真的是劫匪捆绑的话，绳子绝对没有可能这么轻易地被解开。否则，他可真是一个笨贼了！

109. 谁的伪钞

是考纳。因为杰姆收款时，考纳给他一张50英镑的钞票，没有其他钞票对比，所以杰姆没有识别出来。若是其他两位旅客付两张或三张50英镑，真假混在一起，杰姆就很容易发现。

110. 狡猾的盗窃者

因为国王允许阿姆斯特朗读完《圣经》再执行死刑，却并没有规定期限。如果阿姆斯特朗仅读一行，那么读完《圣经》则需要很长很长的时间。

111. 破密函

“援队一时到。”破解的方法是逢五字抽一字，标点不算。

112. 福尔摩斯的推理

记账员被逼到门前时，背着门站立，他此时把拿笔的右手绕到背后，在门板上写下凶手姓名的头两个字母。手放在背后写的字上下左右都会反过来，NW就变成MN了。

113. 秘密通道

米勒的画与开关没有关系，那么，这“米拉”会不会是别的意思？是不是音符1234567中3和6的谐音呢？“咪”是3，

"啦"是6。福尔摩斯这么一想，就打开钢琴同时按下了"咪"和"啦"的琴键，终于找到了秘密通道。

114. 艺术品

因为杰西用擦果汁的手帕擦去了画框上的指纹，而果汁甜味很重，所以容易招来苍蝇。

115. 两名嫌疑人

凶手是五楼的那个人。他用来复枪朝上向露丝射击，也就是说，子弹是从下往上发射的。因为射击时，被害人正在做瑜伽之类，有倒立动作的运动。因此，胸部在下，子弹就由下向上射中胸部。毛衣退到胸部，露出肚脐，嘴含十字架项链。这些都是她倒立的证明。

116. 四根稻草

福尔摩斯发给他们的稻草长度一样，拿手表的侍者做贼心虚，自己折短了2厘米。

117. 谁偷了玉项链

原来那女窃匪以掩人耳目的方式，把玉项链交给横巷内的盲眼女子。她们两人是同伙，该女子偷了玉项链后，在附近走了一圈，转入横巷，交给盲眼的女子，她是假装失明的，看见女子被捕，立即将项链交给小孩玩耍，以掩人耳目。

118. 小提琴手之死

汤逊事先做好演出准备的事实说明他对科里的死和自己将上场演出早有准备，这就证明他涉嫌谋杀。他如果事前不知，上场前就应用松香先擦擦弓，并调好琴弦。

119. 第一现场

因为药箱内的体温计也被烤热了，达到了42℃。普通病人的体温无论如何都不能达到42℃，加上外面的温度又很低，所以可以断定这里不是第一现场，一定是有人将他从热的地方搬过来的。

120. 意外还是谋杀

死者是在汽车撞上山崖前的护栏飞出车子的，但是在车上却发现了血迹，说明死者上车前已经死了。死人是不会开车的，而C 却看见死者正开着他的跑车离去，所以C在说谎。车里的石块是用来压住油门从而让车子行驶的，但由于车子没有直接冲出悬崖，而是撞上了围栏，使得车子成了破案的证据。

121. 他杀还是自杀

死者生前既然那么爱那条狗，那么自杀前她肯定会把狗放走。因为没有人照料这条狗的话，过不了几天它就会被活活饿死。死者这么爱这条狗，绝对不可能不考虑它的生死。

122. 甲板枪声

汤姆因涉嫌杀人而被拘捕，因为在狂风巨浪中要写出清晰工整的蝇头小字是不可能办到的。

123. 谋杀丈夫的妻子

妻子手上涂毒，咬安全的一边。丈夫吃到有毒的一边，当然就死啦！

124. 离奇的下毒案

毒不是下在杯子里的，而是下在乔伊自己的餐具比如刀叉上的。他趁停电的时候把自己的餐具和死者的交换，死者用有毒的餐具吃东西后中毒而死。杯子里的毒可以是他在假装检查杯子的时候下的，而且乔伊是房间的主人，所以他才能设定停电的时间。

125. 不是自杀

如果是自杀的话，死者肌肉松弛，是不可能握住药瓶的，一定会滑下来，明显是死后被人塞到手中去的。

126. 生日酒会之谜

医生以自己生日开酒会为名将杰克骗来，使其过量饮酒，再加上其睡前服用安眠药，酒精与药物的作用造成其心力衰竭而亡。警察前来询问，医生不承认那天是为自己生日而开酒会，因为警方一查其出生日期便可知其在说谎。医生肯定知道过量酒精与安眠药作用会造成死亡，故其所谓“生日”酒会纯粹是为自己杀人提供一个机会。

127. 毒酒命案

问题的关键在于酒中的冰块。哥哥事先将无色透明的毒药冻在冰块里。当他自己喝时，冰块尚未融化，所以酒中无毒。后来，弟弟慢慢喝着剩余的半杯酒，此时，冰块融化，里面的毒药就溶入酒中，因而弟弟中毒身亡。

128. 露馅儿的海顿

由海顿交罚款的那张10英镑的号码推知，这张钞票是被抢劫的75000英镑中的一张。

129. 泄露天机的苹果

福尔摩斯识破亚当斯的诡计，就是靠那个苹果。原来在苹果里含有酚类物质，酚类物质在酚酶的作用下，与空气中的氧化合，产生大量醌类物质。醌类物质使植物细胞迅速变成褐色。亚当斯咬过的苹果还没有变色。如果真像亚当斯所说30分钟前被人麻醉昏倒的话，那么苹果的颜色应该是黑褐色的。

130. 奥肖内西的家产

在分割家产问题上，原来的意图是很明显的：给母亲的钱是给女儿的两倍，而儿子的所得又是母亲的两倍。因此执行遗嘱不会有什么困难：只要给女儿1/7，母亲2/7，儿子4/7就行了。

131. 威廉的疏忽

是由没有打开的电灯知道的。如果玛莉真是昨晚9点到11点之间进入浴缸后死去的，那么浴室里的电灯一定是开着的。只要不是盲人，夜间就不会不开灯进到浴室里。当威廉把尸体送到别墅时，天已大亮，因此，他根本没想到要开灯。

132. 录音机里的留言

假如你熟悉盒式录音机就会知道，如果约翰进入房间，那时哈克已经停止录音了，磁带应一直没有倒过，再播放时应先倒带。真正的凶手必定听过几次这个录音，确信声音相像，又将磁带倒回开始之处，这一举动使他留下了疑点。

133. 月夜命案

北半球看到的月亮是和太阳一样在天空的南部，东升西落。嫌疑人自称坐在东西流向的河的南岸，那他就是面朝北，是不可能看见月亮在河中的倒影的。

134. 开了几枪

当时被害者在锻炼身体，并且正在做弯腰动作。这样，她被射杀时，一发子弹恰好穿过她的腿部而命中她的胸部，因而看起来像凶手开了两枪，造成了这样诡异的现场。如果没有福尔摩斯的正确判断，破案工作就可能误入歧途了。

135. 惨不忍睹的尸体

因为被害人吞了保险柜的钥匙。凶手无论怎么怨恨，也不至于做出此等残忍之事。吝啬的被害人唯恐钱被抢走，一口将钥匙吞到肚里，所以凶手为取出钥匙，不得已才切开他的胃。被害人死到临头还要护钱，真是十足的守财奴。

136. 福尔摩斯的推断

鹿不会大声哀鸣。他在说谎。

137. 白纸破案

老太太在生命垂危时，用缝衣针在白纸上用盲文刺上了杀害她的凶手的名字和原因。

138. 教堂前的尸体

尸体离墙只有30厘米，如果由10米的高空跌下，尸体不可能如此靠近墙壁。

139. 富家女之死

其实线索在原文就已给出了。堂姐先进屋察看，她是帮凶，是她反锁的门，所以凶手是堂姐和她的未婚夫。当富家女和外科医生进入别墅后，医生便杀了她，在浴室里肢解了尸体，用防水布包着，放进大篮子里。因为被害者很娇小，重量轻，所以不易被发觉。

140. 假修女

那个修女是假扮的。福尔摩斯看到

了“她”在咖啡杯上留下的唇膏痕迹。因为真修女是不会擦口红的。

141. 时间做证

查理忽视了被害者的手表，因而被福尔摩斯一眼就看穿了谋杀的实质。当威廉被淹死后，手表没有因浸水而照样走动。可是到了凌晨1时15分，尸体被抛入大海时手表因浸水而停止走动，就停在凌晨1时15分的位置。死亡时间和手表停止走动的时间不一致，这就是破绽所在。

142. 偷运黄金

亚斯将原来的车门拆除，用黄金打造了新的车门并涂上涂料，警察当然不会注意到车门是用黄金制成的，福尔摩斯关车门时，感觉这个车门比其他车辆的车门要沉重，肯定是有问题的，便把车门的涂料刮掉一小块，黄金就暴露出来了。

143. 巧取手提箱

其实，男士并没有下错站，是福尔摩斯故意这样说的。如果男士真的拿错了手提箱，他就应该赶快回到车厢拿回自己的手提箱，但他却往出口走，显然他是偷手提箱的贼。

144. 凶手的破绽

因为如果真的按男子所说的那样，来电之后，电视机会继续播放节目，而不是“屋子里一片寂静，一点儿声音都没有”。这说明男子在撒谎。

145. 死亡时间

是秒表。田径运动员在训练的时候自己随身携带了一块秒表，用来计算速度。在他被人杀死的时候，正好按下了秒表的计时按钮，所以将死亡时间记录了下来。

146. 拉驴尾巴

原来小偷因为害怕驴子会叫，所以不敢拉驴子的尾巴；而福尔摩斯在驴子的尾巴上涂了一层有浓烈气味的油脂。谁的手上没有气味，谁就是小偷。

147. 床底下的地道

莫斯将土从厕所中冲走了。

148. 农夫做了个啥动作

福尔摩斯针对农场主贪财的心理想了个办法：农夫把一篮鸡蛋悄悄放在地里，当农场主放鸡过来时，他提起篮了，做了捡起最后一个蛋的动作，然后匆匆地往家走。农场主虽未看清，但估计是自己的鸡在那里下了蛋，非常后悔，所以再也不把鸡赶到农夫的地里去了。

149. 侦探的头发谁来剪

镇上既然只有两个理发师，他们也必然互相给对方理发。第一家理发师的发型好，那证明第二家理发师的技艺高超，故答案已经很明显了。

150. 保罗的遗产

保罗把所有的美元当作墙纸，贴在墙上，然后在外面再贴满报纸，故很难被发现。最终钱被保罗侄女请来的福尔摩斯找到了。

151. 毒气入口

毒气是通过洗手盆的排水口喷出的。

152. 疑凶的破绽

嫌疑人说话的破绽在于看到彩虹的方向。要是他真的看见彩虹，太阳应该在彩虹对面。既然案发时间是下午4时，彩虹应该在东面的天空出现，而不是西面。

153. 宝石藏在哪儿

冰块应浮在水面上。福尔摩斯看到窃贼杯子里的冰块有2块沉到杯底，推测一定是藏有钻石。普通冰块一般是浮在水面，而冰块里藏有钻石肯定要沉入杯底，因其比重大于冰块。

154. 失窃的名画

福尔摩斯说的是真话。一个用右手的人，脱裤子时通常先脱左腿。而福尔摩斯进到福克的卧室时，福克的右腿在裤腿里，而左腿还在外面。说明他当时正在脱裤子，不是像他自己说的是在穿裤子。

155. 落叶下的秘密

秋季是树叶飘落的季节。如果车子在森林中停放两天，车顶上一定会堆满落叶。而案发现场车子上落叶很少，证明车子停放在这里的时间不长，犯罪嫌疑人只能步行离开。秋日的森林，遍地落叶，很容易留下痕迹，也不容易走远。

156. 女作家之死

福尔摩斯所观察的那盆昙花是仙人掌的一种，开纯白色的花，直径有15厘米，但花期只有一夜，是只在夏夜开的一种花期短但很漂亮的花。一般是晚上八点开始开花，4个小时后便会凋谢。福尔摩斯就是看到了凋谢的昙花的花瓣内侧也溅有血迹，才推测出死亡时间的范围。

157. 无名火

引起无名之火的原因，就是福尔摩斯脸上滴下的水珠。由于水珠滴在玻璃表面，再经夏天日光照射，水珠因表面张力而变成半珠形，因此具有凸透镜的作用。透过水珠的日光照射所集中的焦点，刚好射在玻璃板下的火柴上，因此引起火灾。

158. 密封的蜘蛛网

斯达克拆下仓库天窗的两根铁栅栏后，从那里潜入盗走箱子，然后在窗口上放了几只蜘蛛。只要三只蜘蛛，就足够在第二天清晨织上网，因此即使铁栅栏缺了两根，仓库仍好像处于密封状态。

159. 黑色春天

事件应是意外，并没有嫌疑人。在密封的小屋内烧起炭炉，一氧化碳就会不断产生，但又没法流通的话，室内的人必会中毒，而一氧化碳又无色无味，使人防不胜防。因取水而出去的同学，没有待在小屋内逃过了灾难。所以说，所住的地方如果要生炉火，必须保持空气流通。

160. 锡制纽扣失踪案

锡有个特性，在零下13.2摄氏度时，锡的体积骤然膨胀，原子之间距离加大，变成另一种结晶形态的灰锡，因此，就会慢慢变成松散的灰色粉末。而当时气温已到了零下30摄氏度，怎么还能期望锡纽扣不失踪呢？

161. 直升机的证言

若直升机在飞行中，舱门被打开，由于机内外的气压不同，一定会吹起一阵急风，将机舱内的东西吹出舱外，因此遗书不可能还在椅子上。福尔摩斯便肯定是驾驶员把他的朋友抛出直升机，然后关了机舱门，再把遗书放在椅子上的。

162. 星座破案

C在撒谎。北斗七星的斗柄在不同的季节位置差别很大，他画的北斗七星是秋季星座的样子，而案发时是5月。

163. 土人的笛声

食人族传递消息的方法，主要是靠笛声。因为这些笛声的音波，比人类耳朵所能听到的音波要高，只有狗才能听到。他们利用这一原理追捕福尔摩斯和华生。

164. 通风扇在旋转

原来乔治在通风扇上做了手脚。通风扇如果正转，就会把室内的脏空气抽到室外；如果通风扇逆转，那么室外的空气就会流进室内。凶手乔治事先让通风扇逆转，再用氧气筒把氧气输到室内，室内的氧气达到百分之三十时，杰姆未熄灭的烟头就会剧烈燃烧，在一瞬间，室内就会被火笼罩。

165. 辨认死者身份

是那个女作家。死者的牙齿颗粒不大，说明不是篮球运动员。因为篮球运动员一般体格较高、较强壮，所以牙齿颗粒会很大。另外，也不会是那个小男孩，因为牙齿保养得很好，而12岁的小男孩不会如此保养。牙齿有凹痕，说明不是牙科医生而是作家，因为有些作家在写作时有咬笔杆的习惯。

166. 火花

因为青铜是一种抗摩擦的金属，撞击地面不会擦出火花，所以杰瑞在说谎。

167. 死去的登山者

如果是因迷路饿死的，那么最起码他的胃里应该有些野草、树叶、树皮、野果之类的东西，这是最基本的求生技能。而他的胃里空空如也，所以他一定是被人为饿死，之后换上登山服弃尸深山的。

168. 滑雪板之谜

可能还有一人配合逃犯逃跑，每人只用一只滑雪板，在一前一后的滑行中，两人的滑雪板印迹产生了交叉。

169. 寻找凶器

冰柱。作案后，男子将冰柱融化了。

170. 福尔摩斯看到了什么

福尔摩斯看到床上很整齐，由此推断：主人可能是为了获取保险公司的大笔赔偿费，有意制造了这一起“盗窃案”。因为如果主人是睡下后又起来与小偷进行搏斗的话，那么床上就会很乱。可是，福尔摩斯看到床上很整齐，这就证明主人是在说谎。

171. 解难题

福尔摩斯对总统说：“这个谜底在天上，看看头上的月亮，想想它的‘寿命’是怎样的？开始它长出两个犄角，十四五它就失去了角，变得圆满可爱，明亮美妙。十八九它又长出了角，变得又细又弯又难看，渐渐地它失去了光芒，到了三十那天，它就‘死掉’！”

172. 难防毒手

毒药是藏在壶盖里的，曼斯给自己倒咖啡时没有盖壶盖，而在给麦克倒咖啡时，却把壶盖盖上了。

173. 酿酒专家

福尔摩斯从以下情况判断哈尼是一个骗子：①他将开胃酒冷藏至开席时才启盖，实际上开胃酒应在上席前1小时起盖，也不需冷藏。

②最肥沃的土地并不一定能产出最好的酿酒葡萄。

③用来酿制勃艮第红葡萄酒的葡萄应该是出自勃艮第产区。

174. 福尔摩斯智斗刺客

福尔摩斯所说的“决定性证据”就是刺客的指纹和唾液。福尔摩斯将保险柜的钥匙和刺客用过的玻璃杯放进保险柜，关上了柜门。在那只玻璃杯上，留有刺客喝威士忌时的唾液和左手的指纹。

175. 煤气爆炸之谜

凶手是用电话来做纵火杀人的工具。福尔摩斯做了如下的推理：煤气爆炸时，住在旅社的侄儿一定在打电话，这点只要问一下旅社的总机工作人员，就可查清楚。先让被害者服用安眠药，待她熟睡之后，再在被害者的电话上做些手脚，让电话线短路，然后打开煤气的总开关，迅速逃离现场，回到旅社。过了一阵子，当房间充满煤气，熟睡的老妇人也差不多快死了时，凶手再从旅社打电话来，这时，有电流通过的电话机就会让短路的电线爆出火花，这火花就会点燃室内的煤气，引发爆炸。电话用电和电力公司用电不同，所以即使电力公司停电，电话还是照常通电。

176. 世界旅馆宝石案

赖德的姐姐奥克肖特太太曾经告诉他，春节要送他一只鹅。赖德盗取了宝石，在出卖之前要找一个地方藏起来。他来到姐姐家里，趁她不注意时将宝石塞进一只尾巴上有一道黑痕的鹅的嘴里。可在这时，那只鹅一挣扎，逃进了鹅群，他从鹅群中找到了那只鹅，把它带回家中，但在嗉囊没有找到那颗钻石。后来才知道，尾上有黑痕的鹅有2只，那只吞下钻石的鹅已经被姐姐卖掉了。没想到几经辗转，那颗钻石竟然到了福尔摩斯手中，赖德也只好自认倒霉了。

177. 失踪的新郎

安娜的丈夫杰克其实是个骗子，他就是该客轮的一个水手。为了骗取安娜的2万美元，他使用假名，隐瞒船员身份，同她闪电般结婚。在码头上，他同安娜一起上舷梯时，穿的是便服，以便不暴露身份。其他水手以为是上岸的水手回来了，怎么也不会想到他是安娜的新郎。所以在安娜向他们询问时，他们才说了那样一番话。如果是船上的水手在客舱的门上贴假号码，更换房间也是有可能的。第二天早晨，打电话把安娜叫到甲板上并企图杀害她的也是杰克。

178. 一把钥匙和三把锁

将三把锁一个套一个地锁在一起。三人中任何一人都可用他的钥匙把锁打开或重新锁上。

179. 巧分钥匙

一号柜子里放一把三号柜的钥匙，二号柜子里放一把一号柜的钥匙，三号柜子里放一把二号柜的钥匙，剩下钥匙的每人一把。

180. 特异功能

流浪汉乔治所听到的悲鸣声，其实是由福尔摩斯准备的，福尔摩斯提前录制了一段女童的声音，迫使凶手害怕惊恐，然后招供认罪。

181. 误伤还是故意

汤姆有重大嫌疑，因为这一切一定是汤姆教导的。首先，他一次次训练他儿子以游戏的方式向人开枪，是有预谋的；其次，这次将玩具枪换成真枪，必定是他所为；最后，真枪都有保险，6岁的小孩子不可能知道如何打开保险，一定是汤姆事先准备好的。

182. 诈骗

因为后面的车亮起刺眼的前灯，女子是不可能看出后面的车里是谁的。所以他们一定是串通好的。

183. 露出破绽

斯坦纳既不是从耶路撒冷来的，也不懂希伯来文。希伯来文与阿拉伯文一样，是从右向左书写的，而斯坦纳看希伯来文日报是从左到右一行一行地往下移，这是明显的常识性错误。

184. 犯罪嫌疑人的疏忽

马克说太太提到了肚子饿，作为司机一定会因为这句话而加大油门，速度很快。轿车刚经过了一个下坡，马克是在下坡的时候听见枪响的，等他刹车后回头看见沙雷的妻子死了。还说现场他没有动过，这个地方就是漏洞。如果枪真的是那个时候开的话，由于刹车后的惯性，沙雷的太太根本就不可能坐在座位上。

185. 自卫还是谋杀

不是自卫，而是谋杀，因为有两个疑点：第一，三个伤口排列得太整齐了，一个因害怕情急之下而开枪的女人似乎不能够做到这点。第二，玻璃碎片在伤口之上覆盖着，只说明玻璃是死者死后才被打破的。如果玻璃碎片是死者在冲破玻璃时留下来的，那么子弹的劲力也应该将碎片带进伤口里面去，但事实是碎片盖在伤口上面。

186. 遇害真相

凶手先把男子用生牛皮绑住脖子但不至于勒死，在太阳光的暴晒下，生牛皮会收缩，越勒越紧，就把人勒死了。

187. 离奇的杀人案

凶手藏在死者家的楼顶，然后在晚上轻轻地叫死者的名字，当死者从窗户探出头查看时，凶手就从上面用绳子勒住她的脖子并借助窗框将其勒死，然后凶手松开绳子，尸体滑到屋子里，这就形成了密室。

188. 中毒身亡

凶手把毒冻在冰块里，死者在喝酒时可能有吃冰的习惯，于是就被冰中的毒毒死了。

189. 凶器哪里去了

杰克把凶器——刀片用绳子绑在鸟的腿上，自杀后，小鸟从窗口飞走了，带走了凶器。

190. 奇怪的委托人

他的目的是这位尼克的家，他使的是调虎离山之计，他可能要去尼克的家里偷些重要的资料吧。

191. 作案时间

福尔摩斯让那只老式钟的摆锤恢复摆动，并用自己的怀表计时。当那只钟敲响报时的时候，就可以根据经过的时间判断钟是在什么时候停止摆动的。这正是凶手作案的时间。

192. 越狱计划

窃贼是藏在大提琴的盒子里逃跑的。乐团成员都是窃贼的同伙，他们将一架大提琴分解成碎片散落在操场角落，窃贼身材矮小可以钻进大提琴的盒子里，由同伙带着离开了监狱。

193. 虚假的证词

人应该是背对着船的前进方向摇船的，所以背对着前面桥的方向摇船的男子是不可能亲眼看见桥上所发生的事情的。

194. 纰漏

凶手拿走了劳伦的钱财后，又把不值钱的物品放回劳伦的裤袋里，却不小心放在了右裤袋里。而劳伦右手臂一个月来都打了石膏，他的常用物品应该放在左裤袋里。

195. 查出真相

先把四人的证词列表如下：

发言者	约翰	乔治	汤姆	杰森	
凶器	手枪	刀子	刀子	手枪	2
地点	河堤上	大桥上	河堤上	卢森家	2
时间	10时	9时	11时	12时	1
尸体处置	投河	投河	掩埋	装箱	2
凶手	乔治	汤姆	杰森	约翰	1

由表可知，关于谁是凶手，四人的说法互不相同，因而其中最多只能有一个人是对的。关于作案时间，同样也最多只能有一人的说法是对的。关于作案地点，如果大桥上或卢森家是正确的话，则正确的证词只有一个，如果河堤上是正确的，则正确的证词就是两个，可见关于这一项证词，最多是有两个是正确的。同样，关于凶器和尸体处置的证词，最多也是各有两个是正确的。各项正确证词的最多个数写在了表的最右一列中。由以上分析可知，在全部的20个证词中，最多只有8个是正确的。

另外，题目告诉我们每人都提供了两条正确的证词，因而在上表中实际上要有8个证词是正确的。这与上述的正确证词的最多可能个数相一致，因而表右列给出的正确证词的最多可能数就是正确证词数。

由此出发进行分析，不难得到：作案地点是在河堤上，尸体的处理方法是投入河中。由此还可以继续推断出凶器是刀子，作案时间是12时，凶手是约翰。

196. 河水能喝吗

河水能喝。“风和日丽”一词表明那天是晴天。所以如果那个居民是真话部落的，他回答“是个好天气”这句话时，说的就是“是”，那么回答“这水能喝吗”时，说的就是“可以”。如果那个居民是谎话部落的，那他回答“是个好天气”时，说的就是“不是”，回答“这水能喝吗”时，说的就是“不能”，但是他说的是谎话。所以那个人无论是真话部落还是谎话部落的，那河水都是可以喝的。

197. 谁是头儿

海伦。如果杰克说的是实话，那海伦说的也是实话。但只有一个人说实话，以此类推杰克、海伦、琼斯说的都是假话，只有艾伦说的是实话，海伦是头儿。

198. 打靶比赛

（1）选（D）。根据已知条件4和5，便能知道三个警员最少的总靶数为五靶，故接下去应该打6号靶。

（2）选（E）。根据题意和已知条件5，可知S和T每人各打三个靶。再由已知条件2和3，可以得知T打的是三个奇数靶，那么剩下的一个奇数靶肯定由S或U来打。

（A）（B）（D）一定错。至于（C），不一定对。

（3）选（A）。由已知条件3和4，可推出T至少打了两个奇数靶，因而S和U所打的奇数靶的命中率不可能超过2，因为总共只有四个奇数靶，所以（A）是错的。而其他选项中，S和U的总和都没超过2，因而都是可能产生的结果。

（4）选（C）。由题意可知，S和T的命中率各为50%，则S、T、U总共打中最少为6×50%=3靶（假设U没打中，因题中并未提到U的命中率）。

（5）选（D）。要解决这种题目，我们只能一条一条地进行分析，即通过排除法来解决。（A）（C）（E）所给条件不充分。（B）虽然限制了S，但对T和U却无法限制。只有选（D）才是正确的。因为如果T打1号靶和7号靶，那么S只能打2号靶、3号靶、5号靶和6号靶，而把4号靶留给U去打，否则就将违反已知条件6。因此，这是加上（D）所述条件后唯一的一种可能。

199. 律师们的供词

供词（2）和（4）之中至少有一条是实话。如果（2）和（4）都是实话，那么就是柯蒂斯杀了德怀特；这样，根据1，（5）和（6）都是假话。但如果是柯蒂斯杀了德怀特，（5）和（6）就不可能都是假话。因此，柯蒂斯并没有杀害德怀特。所以，（2）和（4）中只有一条是实话。

根据2，（1）（3）和（5）中不可能只有一条是实话。而根据1，现在（1）（3）和（5）中至多只能有一条是实话。因此（1）（3）和（5）都是假话，只有（6）是另外的一条真实供词了。由于（6）是实话，所以确有一个律师杀了德怀特。

根据前面的推理，柯蒂斯没有杀害德怀特；（3）是假话，即巴尼不是律师；（1）是假话，即艾伯特是律师。从而，（4）是实话，（2）是假话，而结论就是：是艾伯特杀了德怀特。

200. 嫌疑人的房间号

很明显，想从史密斯回答福尔摩斯提的三个问题去寻找答案是毫无头绪的。起始点应该是福尔摩斯说的“如果我知道第二位数是否是1，我就能讲出你那所房子的号码”那句话。分析一下福尔摩斯是怎么想的会对题目的解答很有用，尽管他的数字和结论是错误的。所以福尔摩斯认为他已将可供挑选的号码数减少到了两个，其中一个号码的第二位数是1。如果福尔摩斯认为这个号码是个平方数而不是个立方数，那么可供挑选的号码就太多了（从4到22各数的平方数是在13~500之间；而23~36之间各数的平方数在500~1300之间）。看来他一定认为这是个立方数。有关的立方数是27、64、125、216、343、512、729、1000（它们分别是3、4、5、6、7、8、9、10的立方数）；其中64和729也是平方数（分别为8和27的平方数）。如果福尔摩斯认为这个号码是小于500的平方数和立方数，那么号码只有64。如果他认为这个号码是500以上的平方数和立方数，那么一定是729。如果他认为这个号码不是平方数而是500以下的立方数，那么就有四种可能性（27、125、216、343）；但如果他认为这个号码不是平方数而是500以上的立方数，那么只有两种可能性：512和1000，前一个号码的第二位数是1。这个号码就是福尔摩斯所想到的。

但从某些方面来看，他想得并不对。他认为这个号码不在500以内，而史密斯在答复这一点时骗了他，所以它是在500以内。

福尔摩斯认为这个号码不是个平方数；关于这一点，史密斯又没有向他讲真话，所以它是个平方数。福尔摩斯认为这是个立方数；关于这一点史密斯向他讲了真话，所以它是个立方数。

所以史密斯的门牌号是个500以下的平方数，也是个立方数（不能小于13）。所以它只能是64。

201. 猜珍珠

在现实生活中，任何事情都遵循一个规律，要么是这，要么是那，不可能两者都是，这一规律叫排中律。如果珍珠在红盒子中，自然珍珠便不在黄盒子中，那么红盒子上的话和黄盒子上的话都是真话，这与“只有一句是真话”相矛盾，所以这是不可能的。如果珍珠在蓝盒子中，自然珍珠就不在红盒子和黄盒子中，那么蓝盒子和黄盒子上的话也都是真话，因此，这也是不可能的。因为珍珠在三个盒子中的一个盒子里，既然不在红盒子和蓝盒子里，那么一定在黄盒子里。

202. 谁是凶手

（1）根据两人的供词真假，可推论出葛辟的可能死因如下：

A. 若老二说真话，则：葛辟是被谋杀，但不是老三所为。

B. 若老三说真话，则：葛辟不是自杀，就是被谋杀。

C. 若老三说假话，则，葛辟的死因是意外。

（2）由A及C，可知提示2并不符合实情。因为如果提示2符合实情，则老三的供词就会为假。如此一来，便会自相矛盾。因此，提示3才符合实情。

（3）既然提示3符合实情，则老二和老三两人中有一人说谎。参照提示3，B及D，可知，说谎的人是老二。

（4）所以，答案是：葛辟是被人谋杀的。

203. 三人专案小组

（1）应选（C）。根据已知条件1和2可知乔治不能入选；根据已知条件3，可知罗伯特不能入选，除他们两人外其余四人都有资格，故选（C）。

（2）应选（D）。根据已知条件3可排除罗伯特，其他人均可入选。

（3）应选（B）。因为艾略特和伦纳特拒绝进入专案小组，这就意味着所剩的男性候选人只有乔治和罗伯特两人，而这个专案小组由三人组成，这样势必有女性参加，根据已知条件3，罗伯特又不能入选，因此真正留下的候选人只有四人，其中乔治和珍妮是亲戚关系，不能一同进入专案小组，否则违反已知条件2，所以可能的组合只有两种：一种是乔治、海伦和苏三人组成，另一种是珍妮、海伦和苏组成。

（4）应选（D）。因为入选的是乔治，根据已知条件1和2可排除珍妮；因为专案小组不能全部由同性人员组成，根据已知条件3可排除罗伯特。其余四人均有资格当选为另两位专案小组成员，故选（D）。

（5）应选（E）。

204. 对号入座

知道D坐在A对面，那么D和A一定在2、5的位置上。又知F与A不相邻，那么A应在2号位置，D在5号位置。因为B在F的右面，所以4号是B，6号是F。

205. 谁是最佳专案小组

本题可利用假设法来解决。若是一组或二组得金牌，则甲、乙、丙都对。若是三组，则甲、乙、丁都错，只有丙对。三组获得最佳专案小组。这类问题需要我们运用语言间的逻辑关系进行判断。

206. 姻亲关系

（1）是D讲的。

（2）是B讲的。

（3）是E讲的。

（4）是C讲的。

他们的关系是B和C是兄弟俩；A是B的妻子；E是A的母亲；D是C的女儿或儿子。

207. 三个珠宝箱

随意打开一个就行。比如，打开贴着钻石标签的箱子，如果里面放的是蛋白石，那么钻石就一定装在贴着红宝石标签的箱子里。因为如果钻石装在贴着蛋白石标签的箱子里，那么剩下的红宝石就只能装在贴着红宝石标签的箱子里了，这是有悖于试题题目的。这样，如果知道了贴着蛋白石标签的箱子里装的是红宝石，那么就可以把3个标签换到与各自箱内东西相符的箱子上。

208. 藏宝图

乙箱。

假设甲箱上的字条是真的，那么“乙箱上的字条是真的，而且黄金在甲箱”的两个陈述都是真的。如此则乙箱的字条说的是真的，看看它上面写着什么：“甲箱的字条是假的，而且黄金在甲箱。”这里的“甲箱的字条是假的”则违反了最初的假设，因此不成立。如此可推论甲箱上的字条是假的，即其中至少有一个陈述是假的，可能是：

（1）乙箱的字条是假的。

（2）黄金在乙箱。

若（1）乙箱的字条是假的，则表示甲箱的字条是真的（已经证明不成立的），或是黄金在乙箱。无论如何，黄金一定在乙箱。

209. 富商的行踪

（1）当天不可能是星期天，因为根据提示，星期天两人都会说真话，则胡梭应该会说他昨天（星期六）说真话才对。（2）当天不可能是星期五或星期六，因为那两天巴道说谎话，则他应该说他昨天（星期四或星期五）说真话才对。（3）当天也不可能是星期二或星期三，因为那两天胡梭说谎话，则他应该说他昨天（星期一或星期二）说真话才对。（4）当天也不可能是星期一，因为当天胡梭说谎话，巴道说真话，则胡梭应该说他昨天（星期天）说谎话，而巴道应该说他昨天说真话才对。（5）所以，答案就是星期四。因为当天巴道说谎话，胡梭说真话，所以巴道说他昨天（星期三）说谎话，而胡梭说他昨天（星期三）说谎话。

210. 叽里咕噜

不管A是不是盗窃者，他都会说自己“不是盗窃者”。

如果A是盗窃者，那么A是说假话的，这样他必然说自己“不是盗窃者”；

如果A不是盗窃者，那么A是说真话的，这样他也必然说自己“不是盗窃者”。

在这种情况下，B如实地转述了A的

话，所以B说的是真话，因而他不是盗窃者。C有意地错述了A的话，所以C说的是假话，因而C是盗窃者。

也可以用假设法来判断：设A是盗窃者，则无解（这样A和C都撒谎）；设A不是盗窃者，则A说真话，B说真话，C撒谎。所以C为盗窃者。

211. Bal和Da是什么意思

他向这个原住民提的问题是："你是总说真话的人吗？"或者是："你是总说假话的人吗？"根据这个原住民的回答，就可以确定"Bal"和"Da"是什么意思。因为对于"你是总说真话的人吗"这个问题，无论是对岛上哪一种居民来说，都只能有一个回答："是。"既然这样，"Da"就是"是"的意思了。因此，"Bal"就是"不是"的意思了。

212. 牧师·骗子·赌棍

首先我们可以从1号牢房里的人的回答中推知：1号牢房里的人肯定不是牧师。因为如果他是牧师，那么他是说真话的，这样他就应该说："我是牧师。"既然1号牢房的人不是牧师，就可以推出3号牢房的人是说假话的，因此关在3号牢房的人不是真正的牧师。因为1号和3号牢房的人都不是牧师，所以真正的牧师是2号牢房的人。真正的牧师是说真话的，所以关在1号牢房的是骗子，关在3号牢房的是赌棍。

213. 并非办案干练

根据（3），甲如果聪明，她一定干练，又根据（5），她一定多才多艺。甲如果不聪明，那么她可能漂亮有才艺、漂亮且干练、干练有才艺，或三种特点兼具。又根据（5），可排除干练有才艺。因此，甲总是具有多才多艺的特点。

根据（4），丙如果漂亮，那么她一定有才华。如果丙不漂亮，那么她可能聪明有才艺、干练有才艺、聪明且干练，或三种特点兼具。又根据（5），可排除聪明且干练。因此，丙也总是具有多才多艺的特点。

根据（1）（2），可知每种特点只能有两位女警员具备，而每位女警员最多具有三个、最少具有两个特点。所以，可以推出乙警员无才艺，又根据（4），可推出她不漂亮。因此，可推出，乙警员一定是聪明且干练的；甲和丙警员一定漂亮有才艺。

根据（3），如果甲警员漂亮，那么就具备了（4）个特点，与（2）矛盾。因此，可推出甲警员不聪明，但漂亮、多才多艺且干练；丙警员不干练，但聪明、漂亮有才艺。

答案是：丙。

214. 祸起萧墙

根据（3），最年轻的家庭成员不是被害者；根据（4），也不是同谋；根据（6），也不是凶手。根据（4），只有以下三种可能（a代表同谋，v代表受害者，k代表凶手，w代表目击者）：

	1	2	3
最年长的成员	a	a	k
次年长的成员	v	k	a
次年轻的成员	k	v	v
最年轻的成员	w	w	w

根据（5），父亲是最年长者；从而母亲是次年长者。根据（2）和上述的这些可能，最年轻的家庭成员是女儿；从而次年轻的是儿子。于是，从最年长的家庭成员到最年轻的家庭成员，上述的三种可能就是：

	1	2	3
父亲	a	a	k
母亲	v	k	a
儿子	k	v	v
女儿	w	w	w

根据（3），1不可能成立。根据（1），3不可能成立。因此只有2是可能的，凶手是母亲。

215. 车辆的去向

要分析第一辆车的目的地，必须抓住："恰有两辆开往A市，有三辆开往B市"，以及第二、第三个朋友都说"不知道"这些关键条件深入分析。根据第三个朋友说自己不知道去何处，说明第一辆车和第二辆车去的是不同的地方或者是都去B市。那么如果第一辆车若是去A市，那么第二个人应该可以判断出自己是去B市，但第二个人也说不知道，因此可推断出第一个人是去B市。

216. 犯人的家谱

（1）应选（D）。海泽尔生于罗伊之前（本题题意）又死于罗伊之后（已知条件3），那么他的寿命肯定比罗伊长。由已知条件1，可知罗伊生于约翰之前，由已知条件3，可知海泽尔死于约翰之后，因此我们又可推出海泽尔比约翰寿命长。至于斯特拉，没有资料表明他的出生时间，因而我们也无法推断他是否比海泽尔寿命短。因此1和2肯定正确，而3则不一定。

（2）应选（B）。既然约翰死于罗伊之前，海泽尔又出生于罗伊死之后，那么海泽尔也肯定生于约翰死之后，因此（B）正确。其他各判断都由于根据不足而无法推断。

217. 犯人们的语言交流

（1）应选（E）。根据已知条件④和⑥，可以断定①是真的；根据已知条件③、④和⑥可知②是真的；再根据已知条件①，可推出③也是真的。

（2）应选（D）。1和3是对的。下面我们来逐个分析：1. 根据已知条件①、③、⑤、⑥可推出：先由琼将保罗的话翻译成英语讲给罗伯特，再由罗伯特翻译成西班牙语给玛莎，这条翻译渠道是通的，故是对的。3. 根据已知条件①、②、③、④、⑤可推出：先由萨拉将保罗的话译成法语说给埃伦听，再由埃伦译成英语说给罗伯特，最后仍由罗伯特将保罗的话翻译成西班牙语给玛莎，这条渠道也通，故也是对的。

（3）应选（A）。根据已知条件6和本题附加条件可知：琼能给一个说英语和一个说西班牙语的人当翻译。而选择（A）中的两个人正好符合这一条件。玛莎说西班牙语，埃伦说英语，因此琼能为他俩进行翻译。

218. 作息规则

每个人上班的天数不一定一样多，每天上班的人数也不一定一样多。按题目规则分析各种出工的可能情况，给出一个每天不同的出工安排。七天上班安排是：AE、ABD、AB、CD、BCE、BCD、BC。

219. 手枪和枪套

（1）选（A）。（B）违反已知条件1和2。（C）违反已知条件3。（D）违反已知条件1。（E）违反已知条件1和3。

（2）选（C）。即正确排列的位置应是W、X、U、S、T、V。这个排列可满足所有的题设条件。而（A）（B）（D）（E）的排列均不符合已知条件。

（3）选（C）。（A）（B）违反已知条件2。而（D）（E）则违反已知条件1。

（4）选（A）。根据已知条件3我们可以做出如下的一个假言推理：如果X排在S之前，那么，U一定排在V之前；V排在U之前，所以，S排在X之前。因此，S不可能在6号枪套。

220. 百万名钻遭窃

（1）从提示10和12，可知，倩玛并非偷钻石的小偷，否则就和题目每个人的话只有两真一假互相矛盾。据此，可再依序推知：

A. 9是谎话。

B. 8是真话。

C. 15是谎话。

D. 14是真话。

（2）所以，百万名钻是桑巴偷的。

（3）其实，还有更简易的“分辨方法”。

E. 因为每个人的3句话中只有一句谎话，而且只有一个小偷，所以，只要说自己没偷，而且说别人偷的人，一定不会是小偷（不然的话都会是谎话）。

F. 除了桑巴外，其余的人都说了那两句话。所以，钻石是桑巴偷的。

221. 遗产的分配

（1）选（D）。根据已知条件2，不能选（A）。根据已知条件4，不能选（C）。根据已知条件3和5，不能选（B）。根据已知条件6，不能选（E）。因此，选（D）。

（2）选（C）。因为根据条件5，T必须继承4号地；根据条件6，W必须继承6号地；根据条件3、4和6，可以推断V将继承3号地，由此剩下的只能是1、5、7号三块地。根据题意T、V、W三人每人两块地。1、5、7号三块地与3、4、6号三块地配对，不可能出现1号地与7号地搭配的情况，故选（C）。

（3）选（E）。根据题意只能由S、T、W号三人来继承七块地，而其中有一人继承2号地后就不可再继承其他地，因此，不可能只有一人继承三块地。由此看来（A）（B）（C）都是错的。现在我们来看（D）（E）两个选择：根据已知条件6，W必须继承6号地，由此可以推断，他不可能继承2号地，他必须是继承三块地的两人中的其中之一；而且T也不可能继承三块地，因为如果S继承了2号地，则4号地只能给T，而W不能继承3号地，这块地又得给T，这就违反了已知条件3。因此只有（E）是对的。

222. 嘉利与珍妮

当时是上午，个子稍高的是姐姐嘉利。我们可以用假设法来解此题。

假如当时是下午，那么嘉利是说假话的，珍妮是说真话的，因此当看管问"你们当中哪个是嘉利"时，无论稍高的还是稍矮的都会说"不是我"，而她们俩却都说"是我"。可见当时不是下午，而是上午。

既然当时是上午，那么"快到正午12点了"这句答话是真话，即稍高的一个是说了真话；而"12点已经过去了"则是一句假话，即稍矮的一个说的是假话。由于已知在上午说真话的是嘉利，说假话的是珍妮，所以稍高的一个是嘉利，稍矮的一个是珍妮。

223. 博尔思岛上的抢劫案

假设A表示被告，B表示被告的辩护律师，C表示原告。先分析大侦探到达前我们能得出哪些结论。首先，A不可能是无赖。因为如果他是无赖的话，他说的就是假话，那么他就是犯罪嫌疑人，这和犯罪嫌疑人不是无赖的条件矛盾。因此，A是骑士或外来居民。

可能性1：A是骑士。这样他说的话就是真的，所以他是无辜的。这样B说的话也是真的，因此B是外来居民，C是无赖。由条件（3），犯罪嫌疑人不是无赖，所以B是犯罪嫌疑人。

可能性2：A是外来居民但不是犯罪嫌疑人。这样B的话同样是真的，因此，B是骑士，C是无赖。同样因为犯罪嫌疑人不是无赖，所以B是犯罪嫌疑人。

可能性3：A是外来居民而且是犯罪嫌疑人。这样，C的话是真的，因此C是骑士，B是无赖。

我们可以把上述结论归纳成下表：

	可能性1	可能性2	可能性3
A（被告）	无罪的骑士	无罪的外来居民	有罪的外来居民
B（被告的辩护律师）	有罪的外来居民	有罪的骑士	无罪的无赖
C（原告）	无罪的无赖	无罪的无赖	无罪的骑士

再分析大侦探到达后的情况。当大侦探问原告他是否犯罪的时候，事实上他已知道原告是无罪的（见上表），他提这个问题的目的是要弄清原告是骑士还是无赖。如果原告真实地回答“不”，则大侦探立即可以确定上表中“可能性3”是真实情况，因而无须再提问题即可确定谁是犯罪嫌疑人及三个人的身份。但事实上大侦探又提了第二个问题，这说明原告肯定是无赖，他的回答是“是”。这样就排除了可能性3，只剩下可能性1和可能性2。这时我们已能知道被告的辩护律师是犯罪嫌疑人，被告是无罪的，但仍不能区分两人谁是骑士，谁是外来居民。这时大侦探问被告原告是否有罪，显然，骑士的回答一定是“不”，而外来居民的回答则可能是“不”，也可能是“是”。因此，如果大侦探得到的回答是“不”，他仍然没法分清两人的身份，但现在他事实上分清了，因此，他得到的答案肯定是“是”，因而，被告是外来居民，被告律师是骑士同时也是犯罪嫌疑人。

总之，可能性2是真实的：被告是外来居民，原告是无赖，被告律师是骑士并且是犯罪嫌疑人。

224. 红蓝眼睛之谜

先离开的两个人都是红眼睛，后离开的那一个人是蓝眼睛，推理过程是这样的：

自从福尔摩斯对那三个人说了一句“你们之中至少有一个人的眼睛是红色的”后，三个人都在思考，但是他们所见到的是这样的。

红眼甲：我所见到的一个是红眼，一个是蓝眼，那么无论我是红眼还是蓝眼，我们三个都至少有一个是红眼睛，所以不能判断我的眼睛的颜色。

红眼乙：同红眼甲。

蓝眼：我所见到的两个都是红眼。那么，那么无论我是红眼睛还是蓝眼睛，我们三个都至少有一个是红眼睛，所以不能判断我的眼睛的颜色。

所以第一天，三个人都不能判断自己眼睛的颜色！

第二天：

红眼甲：今天二个人都来了，红眼乙也来了，如果我是蓝眼的话，那么红眼乙就应该知道他是红眼睛的呀，所以他昨天应该成功离开才是，他没有离开，是不是因为我不是蓝眼睛，那么我就一定是红眼睛了，太好了，今晚我可以成功的离开了。

红眼乙：同红眼甲。

蓝眼：我迷茫一片。

第三天：

蓝眼：咦，怎么他们两个人没来，噢，一定是成功的离开了，他们为什么会离开呢。因为他们知道了自己是红眼睛！首先我们三个人不可能都是红眼睛的，如果是那样的话，那么我们就没办法从过路者的话中知道自己眼睛的颜色，那两个人也不会成功的离开，也就是说，我们三个至少应该有一个人是蓝眼睛，这个人不是红眼甲，也不是红眼乙，那就只能是我了。太好了，今晚我也可以离开了。

225. 苦酒和美酒

福尔摩斯可以向两个侍者中的任意一个侍者提问，假设向侍者甲提出如下这个问题："请告诉我，侍者乙将如何回答他手里拿的是美酒还是苦酒这个问题？"

如果甲说乙回答他手里拿的是苦酒，则乙手里拿的肯定是美酒。因为如果甲说的是真话，那么乙会回答他手里拿的是苦酒，但乙应该说的是假话，所以乙拿的是美酒。如果甲说的是假话，那么乙应该回答的是他手里拿的是美酒，又因为此情况下乙说真话，所以乙拿的是美酒。也就是说，不管甲、乙两人谁说真话谁说假话，只要福尔摩斯得到的回答是乙手里拿的是苦酒，则乙手里拿的肯定是美酒。

同理，如果甲说乙回答他手里拿的美酒，则乙手里拿的肯定是苦酒。

福尔摩斯设计的这个问题，妙就妙在他并不需要知道两个侍者谁说真话谁说假话，就能确定得到的一定是个假答案。因为如果甲说真话，乙说假话，则情况就是甲把一句假话真实地告诉福尔摩斯，福尔摩斯听到的是一句假话；如果甲说假话，乙说真话，则甲就把一句真话变成假话告诉福尔摩斯，福尔摩斯听到的还是一句假话。总之，福尔摩斯听到的总是一句假话。

226. 谁是无辜者

假设甲是无辜者，则"甲不是帮凶"就是真话。由于只有无辜者才说真话，所以这句话就必定是甲说的，但从条件"每句话所指的都不是说话者自身"来看，互相矛盾，假设不成立。甲不是无辜者。

假设乙是无辜者，则"乙不是凶手"就是真话。同样由于只有无辜者才说真话，所以这句话就必定是乙说的，同理，矛盾，假设不成立。乙不是无辜者。

因此，无辜者是丙。

由条件，"三句话中至少有一句话是无辜者说的"，第三句话不可能是丙说的，因此，第一句和第二句话中，有一句是丙说的。

如果丙说的是"甲不是帮凶"，那甲就是凶手，乙是帮凶，则"乙不是凶手"就是真话，所以不是丙说的；如果丙说的是"乙不是凶手"，则乙就是帮凶，甲是凶手，所以"甲不是帮凶"就是假话。

因此甲是凶手，乙是帮凶。

227. 小饰品

珍妮是这样推论的——凯瑟琳举手了，这说明我和汤姆两人中，至少有一个人是戴红帽子的；同样，汤姆举手了，这说明我和凯瑟琳两人中，至少有一个人是戴红帽子的。如果我头上戴好不是红帽子，那么，凯瑟琳会怎么想？她一定会想："汤姆举了手，说明珍妮和我至少有一个人头上戴红帽子，现在，我明明看到珍妮不戴红帽子。所以，我一定戴红帽子。"在这种情况下，凯瑟琳一定会知道并说出自己戴红帽子。可是，她并没有说自己戴红帽子。可见，我头上戴的是红帽子。如果我戴的不是红帽子，汤姆会怎么想？他的想法和凯瑟琳是一样的："凯瑟琳举了手，这说明珍妮和我两人中至少有一个人头上戴红帽子。现在，我明明看到珍妮头上不戴红帽子。所以，我一定戴红帽子。"在这种情况下，汤姆一定会知道自己戴红帽子，可是，汤姆并没有这样说。所以，我头上戴的是红帽子。珍妮的推论是完全合乎逻辑的。

228. 不入歧途

只要随便问其中一个人："如果我问你的兄弟应该走哪条路，他会怎么回答我？"然后按照与答案相反的方向走就可以了。这其实是一道逻辑题。假设指示正确方向的答案为命题P，即如果直接问两兄弟，则说真话的会回答P，说假话的会回答非P。那么，按照上面所述的方法提问，假使你问的是会说真话的人，他告诉你的就是会说假话的那个人的答案，即非P；假使你问的是会说假话的人，那么他一定不会如实告诉你自己兄弟的回答，所以得到的答案仍然是非P。所以，无论你问的是哪一个，正确答案都是与他的回答相反的。

229. 中箭之谜

杰森事先把钱扔在地上，等乔治回来发现硬币弯腰拾钱时，他便从二楼窗口朝下射箭。他是杀死乔治的凶手。